徐志摩佚文集

徐国华　编

浙江人民美术出版社

写在前面

欣闻国华兄所编的《徐志摩佚文集》，终于在浙江人民美术出版社出版了，这是一件值得高兴而庆贺的事，尤其在徐志摩诞辰 120 周年出版，更具有特殊的意义。

自 1931 年 11 月徐志摩在济南遇难，这八十六年来，而真正能囊括志摩生平作品的全集，到目前为止有六部，其中一部尚在编辑中。第一部 6 卷本，是 1969 年由蒋复璁、梁实秋主编，徐积锴协编，由台北传记文学出版。第二部是香港商务印书馆根据陆小曼在民国时期亲手编定的样稿 5 卷本，于 1983 年 10 月出版，1993 年 7 月香港商务印书馆又出了补编本 4 卷。第三部 1988 年 1 月上海书店以香港商务印书馆出版的全集为底本，出版 5 卷本全集，而限在大陆发行，到 1994 年也出了补编本 4 卷。第四部 1991 年 7 月广西民族出版社出版了由赵遐秋、曾庆瑞、潘百生所编的 5 卷本。2005 年 5 月，天津人民出版社出版了由韩石山先生所编 8 卷本全集。2015 年 1 月，浙江人民出版社出版了由顾永棣所编的 6 卷本。还有一部尚在襁褓中，即作为浙江文化工程之一，由浙江大学牵头编纂，业已结稿，并交浙江大学出版社数年，但一直未见闻世，深感遗憾。从已出版的五部全集来看,应该讲一部好于一部,一部精于一部,一部比一部完善。尽管如此,国华兄还是利用业余时间,默默地收集到了十多万字的徐志摩佚文,可见资料征集整理之难。所以我一直有个偏见,整理前人的作品,以"文集"名之为宜。我总是认为,不管是任何人,他的作品总是难以收全的,所以用"全集"名之,有点别扭。

这次国华兄所编的《徐志摩佚文集》,不但弥补了徐志摩作品整理出版中的遗憾,同时也为徐志摩研究开辟了一个崭新的领域。通过这些佚文,我们将重新认识诗人徐志摩,用新的角度来审视徐志摩。不管是所发现的11篇古文,还是对社会制度研究,即《社会主义之沿革及其影响》《大家要实行不合作主义》等文章,都为读者揭示了一个热血青年对祖国的热爱与对旧恶势力的反抗。他在《社会主义之沿革及其影响》开首即言:

> 自戊戌变政,而思想界之奴缚一弛。挽近蔡、胡诸子,卓然树文学革新之帜,流风广被,气象万千。一二耆宿,辄欲以衰朽之余,遏抑狂澜,冲动腾激,益盛怀山襄陵之势。文字既显,思想并豁,泰西学说,衍译迻述,故制敝俗,渐遭抨击。又蒙杜威主讲中原,荟西方哲学之菁华,赈中土青年之凋饥,傥论名言,立懦起顽,风雷疾动,万壑回声。迂执之侪,亦憬然于势运之已成,逡巡销匿。间有无惨之评诮,亦复烟云吞吐,气概颓唐。嗟我青年,缧绁已解,阻碍全消,神州大地,由我腾骧,自是男儿得意之秋。然破坏伊

始，建设大难，渺此双肩，实负巨任，惩前毖后，可不惧哉！

以天下之忧为己忧的血性男儿跃然而出。《大家要实行不合作主义》里对邪恶势力，他又大声疾呼：

我们民族独有的美德——读书人的节气——全靠今日你们来做一个榜样，那相当的表示，最简单莫过于趁早大家不干，实行不合作主义！

还有一句话，诚意是任何行为的主要条件。你们果然认明此番风潮的是非，果然认明良心上的污点，决不是一两月的薪水可以洗净的，你们要是真来一个“咱们就不干”，真肯牺牲；你们就应该准备一个彻底人格的尊严，道德的标准，决不是可以随便让步的！现在社会政治里向的丑陋肮脏正多着哩，全靠国民人格里放出来净化的圣火去烧一个痛快！

就是被人误为“风流”，而导致徐张离婚事件中，在新发现的《〈笑解烦恼结〉附来函》中徐志摩是这样写道：

我只知道拆坍不自由的狱壁，逃了出来再说。也许外面风雪并厉，连性命都难保，反不如牢房虽小，还可以眠食无犹，那岂不是更失算吗？但是再反过来说，世上自有许多“贱骨头”，愿意从油锅里面、锯子底下讨生活，从最难堪的痛苦里寻安慰，从不自由的自由里，求满足。

在当时虽发生了“五四”运动，但旧社会的传统思想还非常施孽，要冲破这个牢笼是何等的困难，但为了争取自由，徐志摩做了。他顶住了来自旧社会传统思想的风言流语，还顶住了那些在五四中的作为先锋者的压力，放弃了优越的生活环境，为了争取自由他宁愿做个“贱骨头”，这是何等壮美的理念（虽然他后来的婚姻，也并不是他想的来的甜美，这是两回事，不能混而谈之）。为了争取自由他做了，比那些在“五四”运动中的勇士们来得更彻底，更光明磊落。

总之，佚文的结集出版，是一件功德无量的事。国华兄用业余时间，默默做他喜欢的事，功夫不负有心人，终于完成了佚文的结集，填补了徐志摩研究的领域里的一个空白，这是值得我所敬佩与尊重的。当然徐志摩的研究还只是一个开始，许多事值得研究和探讨，还有许多课题值得我们去做。我希望能有更多的作品闻世，在徐志摩研究的领域里溅起一朵朵绚丽的浪花。

虞坤林

2017年3月于三省斋

整理说明

本书收录徐志摩佚文四十余篇，编辑出版中，我们做了以下处理：

一、个别难以辨识的文字以□标明。据徐志摩手稿整理的文章，如有笔误处改正的，以[ ]标明。据民国报刊整理的文章，明显习见的手民之误予以径改，不做说明；部分文句显系有误，实因排印草率所致，但又无从校改，只能不做改动，尚祈读者批评指正。

二、人名、地名、译名及民国时期特有词汇等均保留原貌，不作处理；部分涉及民国时期社会现实、政治思潮的文章，具有一定的史料价值，为尊重作品原貌，不作删节。

三、佚文主要辑自民国报刊及中国社科学院近代史所胡适档案所藏徐志摩手稿，具体出处及其他注释说明，均以当页脚注标名。

目 录

佚 文

佚　诗

翻　译

祀孔纪盛①

维中华民国四年三月十有七日，恭届宣圣祀期。昧爽，浙江巡按使，洎群官、执事、有司罔不莅止，咸尸其事。太牢具，笾豆陈，钟鼓始严，薪燔于庭，爇香迓神，乐始奏止。弦匏笙簧，合守拊鼓。宫商谐，夷则和。管磬羽籥并响，啴缓慢易，廉直经正。乐已，击特磬戛敔，帛始献，维恪恭哉！于是行初献之礼，乐作舞兴，弦哥干扬，允协节度。洋洋乎，雍雍哉！厥礼维三献，维乐奏雝和、熙和、渊和之章，跻跻跄跄，将事维慎哉！三献既成，乃致福胙、撤馔、送神。礼毕，诸官、执事、有司咸退。维时晨曦虮虮，稀雾蒙蒙。圣德休哉，圣德休哉！

① 署名“徐志摩”，刊于 1916 年 3 月《天籁》杂志第 4 卷第 1 号。

记骆何堃全谊事①

吾友骆子，亢节厚谊，意气如云。辛亥，入入伍生队，半载，未有将遣，骆子独与鸳湖王君相得。天下大定，醳散入伍生队，命有志戎伍者，入湖北军官预备学校。于是愿往者百人，骆子与王君与焉。时五月中，即须到校，专轮送去。船既彭，诸生博，骆子、王君独促膝纵谈，以诸生行毋状，意蹙蹙恶之。骆曰："投笔入伍，冀得裹尸为荣，今蹉跎未遂。"王曰："我无兄弟，千里背家，父母念何如！"有顷，王君烦颃，称不适，骆子问得毋病暍而痧乎，无药奈何！王益不支而卧，骆趣走出见船长，问："有药也不？"曰："叱嗟安得！即晚，我船檥于鹢乡，容可办。"骆子归房，见王君色大变，汗蒸淫，呼吸甚促，则稍稍惧，坐为之抚摩。时则江涛訇隐匈礚，船舣起落，博者咦叫咥嗔，声不一致。骆子独在房伴王君，灯焰荧荧，被风欲息。病者鼓唇努吻，如有所语，而微不可辨，因俯而听之言，吃吃断续，意谓："病凶，虑不起，父母爱予深，不意为鬼漂泊。"语时洴泪狼戾，不可止。又曰："相知惟君，幸为敛骸骨，归故乡，孤魂不相忘也。"骆子闻

① 署名"徐志摩"，刊于 1916 年 3 月《天籁》杂志第 4 卷第 5 号。

言，大戚忧悲，卒毋以为慰。斯须，王君神气益耗，狂欧喘息，持骆手，哕哽言曰："无爽属。"骆子凄然曰："即有短长，惟力是视，不敢负属。"王闻言似慰，弛卧而瞑，竟死。骆不暇悲，亟出示船长，语以状。曰："嵬邪，则委之江耳。"执不可，必全其尸，曰："无已，其即舁而陆，污船不利。"因问即此间棺敛费几何，曰："率百许。"骆子计卒无以为办，于是义胆陡张，趍博所，夺具投之江，怒目眥尽裂，泪忽忽承颊，责曰："同学死，若知之乎？犹且快乐！"博者兴正豪，见梗甚愤，暴者詈且辱之，骆子嘅然曰："为友即死何伤！骆其独念王君客死堪怜，又重负其属，窃愿诸君念同学情，视力佽助，俾某得措办为归骸骨。藉令某撄诸君怒，即死某，某得于王君有辞矣。"于是众皆感愧，有涕泣者，集资成数，时且薄莫，船止，雇艇为渡。舟人俗讳死，骆子以毡内尸，抱出。顾两船高下距数尺，骤不能下，乃问畴肯相右也。有瓯人愿为辅，相举下舟，诡称病者。舟欹手脱，落于舷，毡展开，尸赫然见。舟人大哗，赂之乃已。登岸，天色晦冥，星斗微耀，而自江畔及镇以里，骆子因谓瓯人前觅途，已则举尸加肩，抗而行，幸素赳健，未为累。到镇，瓯人为视尸，骆子行且咨是乡人："孰任镇务也？"语诘诎，骤难谕，既乃导之至一家门，曰："是矣。"骆子遂入，谒一老者，言如此，且曰："人地疏阔，祈为即晚摒挡葳事，俾得诘朝早登程。"老者，仁慈人也，亦敬骆子多义，慨诺，即为集走棺敛，送入山，搰一方土蕴之。骆子因树一子桑其上，杯酒奠之，拜祝之曰："幸且安此。"恸哭而去。事已黎明，骆子因谢老者，偕瓯人归舟往鄂。明年，骆子归，卒为输其柩抵鸳湖。

志摩曰:挽近俗弊,友道无闻久矣。骆子独高义皦皦,信其然诺,正言格顽,莫夜负尸,于古鲜觏,况于今乎?《诗》云“恺悌君子,四方为则”,此之谓矣!

春游纪事[①]

昔司马迁氏好游天下名山大川，故其文有奇气。吾谓不特行文为然。人之气节孤拔者，得山水凌峭之气也；为人桀迈者，得山水雄薄之气也。北方山川瑰伟，故其人多慷慨笃厚之士；南方山川妩丽，故其地产英智挺睿之姿。地灵人杰，固有以也。志摩好游而不择，非必名山川是践，即荒陬穷谷，人迹杳阒之处，志摩辄裹馃粮披荆棘而迂。当风啸吁，观化为乐，岂尝恶肘柳而悲黍离也哉！岁时更新，春和草发，爰启游志，以有虎跑之行。虎跑者，相传有虎跑地，泉遂涌出，故云。虎跑去杭城二十里而遥，晨发而午到。入竟便闻水声，榆柳抱道，有风寥寥，衣泉并响。泉来自山，荟为二潭，大者方丈，小者方尺，澄碧晶滢，针芥晰焉。水不足深，而汲之终晁不竭，不汲亦不盈，其量未易测也。寺僧曰："泉水质厚，满盌以水，投之百钱不益。"验之果然。始吾尝疑物之名于世者，非必异于众也。不然，山水会而成泉，泉之亚于虎跑者夥矣，而虎跑独以名泉称，斯非其幸与？或曰："虎跑之水质厚可贵。"倘非所谓幸而称者，抑世之不实而

① 署名"徐志摩"，刊于1916年3月《天籁》杂志第4卷第5号。

不名、名而不实者，往往而是。虎跑之得名，犹是虎跑之幸也与！客岁夏，余曾来此间，有老僧号觉世者，既古稀而精神矍铄，白须发彪彪，言滔汨不能休。以问既大觉，为之怃然。人生晁莫，时乎不再，今不着鞭，噬脐无及矣。寺他方又一院落，亦有池一方，危楼特耸，济公之像陈焉，欹形丑貌，拄杖趺坐，展铺莞尔。吾闻济公耆粱肉酗酒，锄恶务尽，不惜艰辛，其行为类古豪侠流。倘非所谓仙佛者与，抑济公秉性经正，见义勇为，显行释氏福善祸婬之谊，阴吻儒家救民水火之怀，不忮不求，无偏无颇，斯其证果成佛，正自有道，岂与彼持斋讽经，同其缁流者哉！志摩素不佞佛，独敬济公之佛，非敬其佛，敬其为民戮力也。今谒其像，不禁躬身而祝之曰："天地晦冥，大道胥沉。侧目滔滔，民生不聊。愿假佛力尽歼佞人，庶民其苏，维公之德。嗟乎！世无健者，以拯民困，不得已而吁援于无稽之佛。"志摩为此言，而心胆碎矣。寺僧出茶享客，曰："此龙虎茗（也谓龙井虎跑），祛疾摄神。"既而言曰："衲等闻尘世鏖争甚苦，衲等乃不知专制，遑论共和。甘泉洗心，青山濯景。晁讽梵呗，莫坐蒲抟。铲欲绝虑，与佛为徒。烦娆众生，阘阘名利，何日才可觉悟哉！"莫鼓晨钟，当头棒喝，则亦不敢辨，唯唯而已。虎跑之游既已，更历石屋、烟霞诸胜而归。古人云："酒可百日不饮，不可一饮不醉。"吾谓山水可百日不游，不可一游而不畅。是日之游，可谓畅矣，尤不能忘情于虎跑之泉味，与夫寺僧之禅语，以故记之特详也。

渔樵问答[①]

北海之渔人，与西山之樵父，邂逅于孟诸之野。渔人曰："吾闻南冥有鱼，吞舟不跮顎，其庬莫得而度也。吾试往钓之，而子何为焉？"樵父曰："子徐行，方今秦鹿复纵，天下彷徨，白刃交挥，蝮虵满道。吾樵于深山，不得片庐而托处焉，遗儋弃樵，徒跣而逃。遘子于此，请得席地，而谈邹衍之天，且子试言其数矣。"渔人曰："古之善钓者，詹何以芒针为钩，绕茧丝于荆条，临百仞之渊，而掇盈车之鱼。毋它，其志专，其神壹，扫百虑而惟钓之，是知匠石之运斤也，宗载之学射也，斯钓之圣矣。蟠溪之钓则殊矣，身寄渚湄之间，而内怀宇宙之观，目不出乎清波，志有存于王佐，临江持竿，旷日无一鱼之获，而熊飞既协，青简传尚父之名，钓而不钓，斯天下之大钓也。淮阴之钓，所以鸣侘傺也。韦衣之钓所以寄闲情也。夫渔一也，而所以为渔贰矣。自我为渔人十五年，吾迹甚恢，河海之大，涧流之细，无不历焉。多识于鳞介贝鳍之族，嗞而上不敢窥娟环之数，旁亦无古人之怀，吾是以耻也。"樵夫曰："嘻，子休矣，乌用是高淼为哉！今吾

① 署名"徐章埒"，刊于1916年6月《天籁》杂志第4卷第5号。

语子以伐木之道。吾自童稚之年，首笠足屩，儋于肩，斤于背，披荆棘，跋峗崖，至于贯深林昏暗不可睹物，或有所犯，流血甚楚，间猛兽来袭，我赖矫捷得不死。归家，慘慘请于长，愿它从事，曰：童子毋噍，即谓樵采苦邪！世途崎岖，不若山径之平敫；人情险巇，有加狼豹之爪牙；且予向不为樵，填沟洫久矣。于是余终岁在山间，迄于今数十年，昔之所苦，今也乐之。志怀清洁，不介外物，俛印啸歌，我乐天趣。峭壁可得而援也，虎豹可得而弄也。噍转而视人，怵然顾却，康庄不足垣，王侯不足傲，吾其依山终矣。夫孰知黪黪云雾，荒陬如髦，漉池竭泽，毒遍神州。吾是以捐儋去樵，徒跣而逃也。"渔人曰："虽然，子且奚适哉？"曰："吾行苍苍，不禔焉往，吾竘人而恶世，吾其求无人之乡而荐身矣。"渔人曰："吾岂长耐此浊世乎？子其遁首阳，而吾蹈东海矣"。

卖菜者言[1]

长安之市有异人焉，髯舞发鬙，面目焦黧，衣弊肤见，肘绝踵决，何儋而行，歌且呼曰："昔南风之薰兮，解吾民之忧愠。今飋飋之疾兮，苦元元以不得息。予既颁白之叟兮，何时衣帛苏吾负。晨鸡叫，我起床，恂恂视吾圃，苗长曾未央。拔菜洗之，枯者舍之，实满吾筐，载歌载熙，晁出莫归，售菜易米。无老妻，其谁依。"全真子异之，就而问焉，曰："若何怀而歌凄其，女其接舆与？"丈人睨之不答，复歌曰："子不见夫春华乎？子不见夫秋蓬乎？子不见夫兰池之骋兮，人生鼌露且遂乐兮。"全真子曰："旨婉而音转，必君子也。"趋而揖之曰："聆夫子之謌，盖有道人焉，何为以贱役自污哉？"于是丈人挩其何，理其髯，嗌嗽而笑曰："姬鱼语女，而未尝至于海若之门乎？何言之鄙也。今夫天下尽卖也，子卖其亲者有之，妻卖其夫者有之，弟卖其兄者有之，奴卖其主者有之。分灭礼失，而上下交卖不计矣；信绝恩断，而朋友交卖不耻矣。浸假至于客虎狼、引盗跖以蚀其里，曰：惪我而已矣，夫何往而非卖也。彼其所徼觊利也，其所卖去

---

① 署名"徐章埗"，刊于1916年6月《天籁》杂志第4卷第6号。

义也,而吾独以卖菜全吾义。众人以亏形为辱,吾以亏义为辱。吾长于圃,习于圃,尻处于圃,衣食于圃。吾无妻子,爱圃似妻,视菜似子,灌之,溉之,粪之,抉之。年齿耄矣,而知不外圃,因得自糊,不拙不贮,饱食鼓腹而歌乌乌。吾颂唯黧,吾怀唯莹,吾衣则弊,吾真未弛,吾须发蓬蓬而念虑清寂于中。莫能以己之皭皭,容物之混污。夫我见黄金之镐铄,琨瑶之晶霞,间未尝不瞿瞿于心也。反而顾吾筐之青青,则非分之想逝矣。今夫志鹄而扞弓,则二五之数不计矣。非二五之计难也,欲鹄之心乱之也。今之人岂不采于义哉,嗾而卖之者,好利之心汩之也,向使利绝而义完矣。惟利之中人甚深,斯人之卖其家国,并及其身,而弗自觉也,悲夫!且吾尝于卖菜而获言矣,彼茁者葭,薅其莠而培其菁,将之似赤子,则秀发而充肥,不及市而罄。藉令疏护持,简粪洒,虽亦生长,枯焦萎弊,其味苦涩,抑贾不售也。今人之于世亦嗾矣,顺其性而陶育之,无贼其天,无累于物,斯足以全谊于俗流,树节于季世矣。今吾窥人之心,窈然洞黑,如胶如漆,性失不可复还,义卖不可复得。故行人世,如游鬼市,顾瞻周道,中心怛兮。子不尝窥吾圃乎?秀发充肥者,涨望皆是也。嗾以觇人,何枯焦萎弊者之多也。休矣,子无长盗吾言也。"揭儋大步歌而去。

论臧穀亡羊事[1]

至人有名利，无有哉！有可以全真者，无有哉！见蝮虵而骇愓，赴汤火而趦趄，谓其足以戕吾身也。嗟乎，孰知名利之擢性，固有甚于蝮虵、汤火也哉！童子徒袒而歌，距奋以跃，盲乎毋所窥，浑然未有知，斯其性完而真全也。落马首，穿牛鼻，而后介倪诡衔，窃辔闉扼，人事兴而天下嚣嚣。至德之世，未始有是也，未始有非也。是非黑白，相与反覆，莫揆其极，乱滋惑遂，不可止矣。因其所然而然之，则万物无不然。因其所非而非之，则万物无不非。瞽者不誉文章之观，聋者不称钟鼓之音。北人擅驰骛，南民矜操舟，执有便宜，取舍殊也。《淮南子》曰："载哀者闻歌声而注，载乐者闻哭声而笑。"哀可乐者，笑可哀者，载使然也，是以贵虚。夫水激则波涌，气耗则智惛。智惛不可以为政，波水不可以为平。使乌桓陡引牛尾，尾殊力殚，牛不为动，五尺童子引其棬，则恣其所之，是故蹲循自然则治，决剔彼是则淆，天下平而毋故矣，恶用多骈枝旁之道为哉？今夫人得毋弛其真，毋汩其性，此亦乐之至矣。奚为沉溺名利，皇皇乎

① 署名"徐章埒"，发表于1916年6月《天籁》杂志第4卷第6号。

若揭鼓以求亡子也哉！将短绠以汲深左矣，将小褚以怀大难矣，将枉自然以殉是非悖矣，将贼性真以渍名利垫矣。恢乎皇哉，蒙叟之义也！牧羊而亡其羊，养生而残其生，因是非而观之读书得矣。即亡其羊何伤，死名善矣。即丧其生何伤，因自然而观之，轨迹既同，愆慝一齐，不循其本，骈言枝义何为哉！

说發篇一①

發,《说文》:从弓,从癹声,射也。癹,从殳,从癶。癶,《六书本义》:两足张,有所拨除也。《玉篇》训發进也,《广韵》训發舒也,《释诂》训發举也。曰射,曰进,曰舒,曰举,其义不外迈致阐闢,引覆去蒙。《阴符经》曰:“天發杀机,移星易宿。地發杀机,龙蛇起陆。人發杀机,天地反覆。天人合發,万变定基。”夫机隐微难见,参于天地。窥道之根,玄牝之门。机之动,主于变。致理阐微,真原乃见。更名易位,道心是晞。天地不自發,待人以發之。匪天地之發,以發人之發;即人之發,以發天地之發。然后,旁通无碍,厘物超色,莫之夭阏。《经》云:“一人發真归元,十方虚空尽皆销殒。”而况参天地之变,荟精一之神,以致知而明性也哉!

人盗万物,万物亦盗人;人贼万物,万物亦贼人。何以言之?物在外,因色以引意,即相以牵识。人在内,揽物以充虚,积妄以昧真。疽發于体,时决而溃;火生于木,祸动必克。身为

① 署名“徐章埦”,刊于1916年11月《天籁》杂志第4卷第7号。

造业之体，心为起惑之门。人心惟危，道心惟微。业滋惑遂，畔道离真。何以拯之？是在能發。何以成發？言挹其机。尘垢塞虚，發以见真。惟机玄妙，索之毋形，是在求先天之知。何谓先天？谓心超于天地未生之先，出色远相，晶莹无染，能發此心，五贼毋碍。五贼者，五尘也，色、声、香、味、触，因缘自外，着心生障，物未掣心，心自累物。故见贼之元者，其性自明。眩贼之表者，胥溺其真。是以绝利一源，用师十倍，三返昼夜，用师万倍，是善發之功也。何以言之？破妄显真，杀贼锄盗，舒而汰之，举而灭之。何谓昼夜？昼喻明达，烛奸之资，夜喻阒寂，定以敛神，动静相辅，以导發机。《楞严经》云："当初發心，方左我相，中见何胜相，顿舍世间恩爱。"胜相道也，恩爱物也，舍物趋道，惟在能發。發之大者，足以穷造化之极，化物我之限，大用见前，人莫能测。發之小者，亦足以免物累，宅中正，毋惑于是非，毋屈于境遇，为人之道尽之矣。夫子之赞颜回也，曰："退而省其私，亦足以發。"一志凝虚，止止善悟，發之道尽之矣。

尝试论之，發之反为蒙，真之背为讹，悟之对为惑，性之敌为物。日月之明，浮云蒙之。精神欲發，娆思遏之。良心将见，欲气塞之。失其元常，认贼为子。今人之病，在于蒙而不發，讹而不真，惑而不悟，暱物以远性，所以致其然者，惟心之用。夫方寸灵台，玄妙天一，芒芒乎，窈窈焉，律历所不能契。然至于极，则以之为神圣，为善人，为奸慝，为魑魅。世之庸人，从而赞之，曰："圣贤之心如此也，奸宄之心如彼也。此亦一心也，彼亦一心也，是举天下而有无数等量之心也。"是岂知言哉？今有千百镜于此，其为形或大或小，或圆或方，或明净或尘蔽，或光絜或粗暗，是以其所照形，亦復不相等侔。夫镜所以照形，其不同者，盖人为之也。心所以制物，其不同者，亦人为之也。今镜有所蒙，则發其垢而已矣。奈何人心之郁㤖，而不谋所以發之者邪？养心制物，惟圣人能之；束心远物，常人所可几也。今人操物自染，而忘其真。视而可见者，形与色也；听而可闻者，名与声也。形色之不遂，谋所以發之，名声之不至，谋所以發之，而独忽于心。譬之斫根而求枝叶之茂，绝源而望流泽之长，倍本丧元，乌可得哉！且夫得失之顷，真伪之际，直一息之间耳。黄帝遗玄珠于赤水，离朱喫诟莫能索，而象罔得之。玄珠者，元知也，知昧于内，匪可求于形以外。使象罔者，明相妄也，一念之聪，而玄珠在抱，是玄珠固未尝有得失，而人自为其得失尔。悲夫，世人以形色名声，为足以得彼之情。夫形色名声，果不足以得彼之情，在在以自蒙自惑，而卒无以自發也。浑沌以浑沌而生，七窍既凿而死。多见夫自凿以趣死者矣，未闻自發以求生者也。全真子间眊目世变，窃窃然忧曰："是乌可众醉而独醒也，群盲而辟支也。"憀为木铎之發聩，作《说發篇一》。

《说發篇一》既竟，志摩自读其文，为声调铿铿也。窃又疑曰：余之言，佶屈而厖杂，骤无可揭其领。间作释氏玄空之说，或为老庄浮妙之谈，而毋所实践。窃恐今之学子，读吾文而河汉之、嗤笑之，曰："是妄人之言尔，弃之不为意。"则志摩且释卷�傗偑，自悲其用心孤诣，而于人毋所启發，抑又悲人之性真胝殰，揽殷鉴而罔窥，蔑忠告为腐言，为可痛惜也。虽然，世岂无复知音，志摩竢之而已，抑志摩言便便如此，而自惧陨越毋所發，则是深愿与诸君子共勉共进者也。

送魏校长归国序[1]

去乡土万里，越重洋来异国，诲人不倦，毋惜辛苦，卷利己之心，抱救人之念，斯其德音之在人，不以深乎！况于叔世颓风，道德淘淘，曾有狂澜莫挽之叹。乃有君子者，砺身作则，热血感人，前弊务尽，树德务滋，如吾魏校长者，足以当之而无愧矣。先生温温长者，望之也威，接之也和，讷然如不能言，而情意晌挚，循循善诱，虽不良亦已化矣。始先生未来是土，荒滨草原，浪涛溅渍，沙鸥海鸟，时复出没，星芒渔火，相与辉照。先生独劳心焦虑，施意经营，数年之间，竘然美备，广厦连跱。学子兴来，建始有方，守成兼理。所成者，岂独辟荒陬、除草莱之功邪？拨盲心而涤污思，治璞冶金括垢磨光，大德在人，可胜量哉。今先生且归国，稚乌依母，不胜恋系之忱。先生爱我，其将有以益吾后进未已也。

---

① 署名“徐章垿”，刊于1916年11月《天籁》杂志第4卷第7号。

沪江春秋[①]

送别 魏博士且归国，作送别会。学生曼歌，不胜恋恋。先生训之辞，其言谆谆宛挚，学生感喻奋作，复歌洋洋盈耳也。越十五日，先生首途，举校送之，为之挽车，徐歌而行。《诗》曰“泰山岩岩，鲁邦所瞻”，斯之谓矣。

欢迎 博士既去，承其乏者董景安先生，和易勤挚，众望是孚。乃举会以欢迎之，笑语骈臻，以殷以洽，既见君子，德音孔胶。

展览 青年会设肆，斐然成章，以利用也。

辩驳 休业前一夕，举行常年辩驳会，题为“中国应采用保护贸易制度”，反辩得焉。胜辩槃槃，大言炎炎，足以概一时之盛已。平议者，余先生日章、朱先生友渔，及青年会之罗格马先生。

卒业 预科卒业者九人，致辞者江苏黄教育长、美领事。仪式竘然，跻跻跄跄，维其盛哉！

交谊 新雨联来，言切友谊。雅歌妙谑，俱陈并奏。复有

① 署名“徐章垿”，发表于1916年11月《天籁》杂志第4卷第7号。

嘉果,忻然美厌。觊我者谁,青年君子。

教席 葛先生离吾校而往白下,耆先生自美国来归,一失一得,一忧一喜,更有李特先生,相得益彰矣。

新厦 李先生住宅告成。

医院 本校谋建医院,济穷利众,美国善士捐来五千元,又向校友筹措千元。现既匃工从事,今冬可以落成。主院事者,雷医生也。

悼逝 谢洪赉先生,一代名人,吾华国士,中年崩逝,梁木竟摧。吾侪敬仰先哲,特为开会追悼,请青年会李启藩先生演述先生历史,闻者悲喟,益叹天之将丧斯文也。

国庆 吾华共和,死而复苏。元凶既逝,家国之祜。爰用提灯,以志庆祝。欢呼腾天,民国永固。懿其休哉,共和万岁!

贪夫殉财烈士殉名论[①]

鄙啬者利，好得毋厌，谓之贪夫。刳体摩顶，舍生市名，谓之烈士。鱼相忘于江湖，禽摩虚而翔空，便习也。人之汩于名利也亦然，虽有圣贤俊乂，莫能拔于此。故孔子至人也，而有骄气，多欲态色，淫志。鲍焦立槁，申徒投河，夸名而戕其生，邓通瘐毙，石崇膏斧，拥财而死非命，名利之中人，有如此者矣。虽然，天下旌烈士而贱贪夫。伯夷死于首阳，而孔子赞之；盗跖死于东陵，而君子贬之。后世感之，相与标榜名节，矫饰邀誉，削性斫真，树奇自显，天下翕然，相率伪讹。好利之风，且复滋长，天良澌泯，惟利是求，上下交征，狠戾恣肆，道德不讲，义理永弃。嗟乎，得名者显，获利者昌，名利名利，乱是用始。尝试论之，令天下乱者名利也，令天下合者亦名利也。向使无名利以维世，则员颅方趾之俦，亦昧昧自营其生，漫散毋可纠集，抑何自有数千年灿烂光怪之史乘，以成此妍丽完好之景象，则是名利之中人益淫，而世间事物之构会亦愈密，而令道德谊理，亦复隳队式微，不为刿目悲悼者也。抑又论之，达者蒙叟之为言也，

① 署名"徐章垿"，刊于 1916 年 12 月《天籁》杂志第 4 卷第 8 号。

天下尽殉也。奚必死名之是，而死利之非乎，其于残生伤性均也。夫彼溺名利而不知返者，何殊乎举锥自凿其性，持色以涂白缣，形存而神亡，体在而真失，丧其元矣，遗其本矣，欲复为人得乎？今人临水火有戒心，于其外体则护之矣，其于心灵则不谋所以全之也，亦见其惑矣。

征人语[①]

“阿母，儿且从征去。母年高，幸善摄养，毋复念儿。儿今为国致命，得破敌国之荣，亦家之荣也。儿媳年少，虽不更事，而孝思弥殷，待母当无所缺也。”

“我儿，若且行邪，儿有志为国，母亦良慰。强如邻居李郎，常日踞茶肆，谈胡天。又如对河张氏子，稍有田地，便纵赌无度。我儿爱国母心憙，然吾闻此时兵士，残暴淫掠，毋所不至。儿即去，宜守纪律毋苦民，行军宜谨慎，赖祖宗积德，望儿克敌归家。”

“母言良是，儿当遵依母言。今闻大军驻关外，母即有言，可嘱王家伯父寄书。”“我儿，惟是汝婚未匝月，媳妇闻汝将去当兵，日有戚容，儿其善慰谕之。”

“噫，吾爱，汝固劝我去，奈何悲戚如是”。

“夫乎，非关国家大计，谁复愿儿夫上征途。销魂话别，岂得已乎。”

“余福薄，得妻如卿，乃不能坐享艳福。今为国故，乃不能

① 署名“徐章垿”，刊于1916年12月《天籁》杂志第4卷第8号。

复恋卿。卿乎，春花秋月，我不忍卿清闺凄冷也”。

“郎也误矣，妾猥蒙深爱，相矢白首。然今日之事，郎不可以私情阻大计。且郎爱国，无殊爱妾。郎去边关，妾当日夕祷天，冀郎得志疆场，杀虏凯旋。老母在堂，妾当尽职，行矣郎君，毋复恋家。”

“卿侃侃相勉，敢不知励。此去当奋力杀敌，以答爱卿之良规。然卿玉体怯弱，毋为风雨所窥。家虽寒素，尚有薄收，卿毋自致劳瘁，令余悬悬万里外也。”

“爱郎，君爱护之诚，郎自将卫，妾奉母余闲，拟莳花饲鸟，以遣日月。然幸郎毋怪妾，妾且无片纸达君前。”

“胡然，相去万里，藉此通情，何为言此?”

“非也，妾闻任营伍之事，则忘其家；援枹鼓之急，则忘其身。妾何敢以儿女喁喁之言，惑郎君效命疆场之心，虽然待君之归，妾泪枯矣。”

“虽然，我何忍舍卿。”

“行矣君，妾不愿以柔情珠泪，折君勇气。马啸于门，将军往矣。”

“谨唯命，今吾吻卿。”

“阿母，儿去矣。”

“儿乎，汝果行乎，天锡汝福。”

“爱卿，今去矣。”

“郎君往矣。”

健儿上马绝尘去，少妇闺中泪不干。

《笑解烦恼结》附来函[①]

《尝试集》里删存的《新婚杂诗》里有这两行：

你莫说你对不住我，
我也不说我对不住你，……

胡先生是乐哉乐哉，结束了“十三年没见面的相思”，从此只须“牢牢记取这十二日正十夜的中天明月”，我看，这样招人羡慕的风情，一时也理不清心中的感想，但我却记起了我送张幼仪的那首离婚诗。我想结婚不必一定乐，离婚也不必一定悲。胡先生的哲学是要从自愿的不自由里，寻求自由：

情愿不自由，
也就自由了。

① 据中国社科学院近代史所胡适档案所藏徐志摩手稿。原稿题为“附来函”，本题为编者所拟。徐志摩与张幼仪离婚后，曾有《笑解烦恼结》一诗送张幼仪。本文为与张幼仪离婚的说明。

我不如他的那样达观，不如他那样 Delightfull Sophistated，我只知道拆坍不自由的狱壁，逃了出来再说。也许外面风雪并厉，连性命都难保，反不如牢房虽小，还可以眠食无犹，那岂不是更失算吗？但是再反过来说，世上自有许多“贱骨头”，愿意从油锅里面、锯子底下讨生活，从最难堪的痛苦里寻安慰，从不自由的自由里，求满足，不愿意享受，虽则有时不免羡慕“天上风顺云破月照我们两个”蜜样的柔情，或是“谁躲？谁躲？那是去年的我！”的一种不可名言、招人心痒的情调。

我大概是这类“贱骨头”中的一副。胡先生以为是否？

志　摩

［1922 年 6 月 22 日］

社会主义之沿革及其影响①

绪　言

自戊戌变政，而思想界之奴缚一弛。挽近蔡、胡诸子，卓然树文学革新之帜，流风广被，气象万千。一二耆宿，辄欲以衰朽之余，遏抑狂澜，冲动腾激，益盛怀山襄陵之势。文字既显，思想并豁，泰西学说，衍译迻述，故制敝俗，渐遭抨击。又蒙杜威主讲中原，荟西方哲学之菁华，赈中土青年之饲饥，傥论名言，立懦起顽，风雷疾动，万壑回声。迂执之侪，亦憬然于势运之已成，逡巡销匿。间有无憀之评诮，亦复烟云吞吐，气概颓唐。嗟我青年，缧绁已解，阻碍全消，神州大地，由我腾骧，自是男儿得意之秋。然破坏伊始，建设大难，渺此双肩，实负巨任，惩前毖后，可不惧哉！

上春蔡孑民先生，临祝协约胜利，俄然以"劳工神圣"，宣示邦人。青年群彦，转相告语，斗奋之心，益以坚决。于焉五四六三，申民意，讨国贼，骇震虏敌，大快人心。虽然，此犹曙光之乍

① 署名"徐志摩"，刊于1920年8月1日《政治学报》第1卷第2期。

放耳。政府之黑暗依然,官吏之朽腐依然。无憀之极,至于谬指革新之士,阑言过激,危扰治安,言论机关,横被摧萦,数兴文狱,凌虐思潮。幸而陷阵之士,有必死之志,无苟免之心,中华一月未火,新潮一日不衰。昧时鄙夫,多见其不知量也。

俄国革命以还,群治乍现。有识之士,方怛然存虑此新式政体之臧否,未敢遽下贸妄之评断。然当世大国,皆为资本家所控御。资本家者,务保存其万能之权势,厌新而恶变。何以云群治,群治不容擅权之阶级。故虽以外貌昌明之美国,亦与西欧列强,结盟声讨,要道绝粮,将尽杀俄民而后快。夫俄民何辜,即"群治主义"之首领何辜?新式主义之诞生,非一二人之力。时乎专制,则共和不可容。时乎共和,则专制不可容。昔十三州之变也,英伦指之曰叛逆。巴士梯(Bastille)之破也,举欧目之为狂乱。夫社会进化不息,运变无常,昔之华盛顿、密拉婆,今之李宁、托老斯基也,又安知其非千百年后,举世颂赞之豪杰也耶?侧闻国内士夫,惘于群治主义之河汉,字之曰过激,严禁其传布。过激命名之可笑,姑不具论,就使其为过激矣,而谓思想之播传,可以箝拒而禁灭也耶?伊古有言:"防民之口,甚于防川。"谓苛法足以止乱耶,敢问秦世腹诽之禁何似?俄皇严警之政何似?未足以维治而适以速变。今日之事,在于奖诱严密之讨论,料量情事之常变,付言论出版以绝对自由,而责成明识之士,慎为矫掖,取纯粹学者之精神,下中庸不欹之平议。藉曰俄之"群治主义"有合我国情,行之而有利也,则吾民何靳乎革旧以相从。如其不然,则民既晓然于根本之不相容,虽有传布，复何害？今政府务愚民以为政，不仅危民主之邦本，其极适令误会丛生，神奸攸伏，大乱即发，不足为矣。孔子曰："民可使由之，不可使知之。"此二千年前之政纲也。今日之政，民必使知之，乃可使由之。

上节论思想之开放，已露华胄一线之明光。今更论实业发展之趋向，以见民国前途无限之荣华，及我学者应负之责任。今日英伦之富强，其元气在于工商革新之先进而澈透。方十八世纪之末叶，法苦于政，德弊于分，美急于内治。英伦独享安健之政体，不蒙兵革之害，天才辈出，推陈作新，机械既具，人用天然，二世之间，富强永奠。其次，法、美、德、日依次革新，并育工商，皆臻强盛。惟我古国，沉沉未醒，二十年来，尽人鱼肉，辱史层累，云何洗刷。虽然，大器晚成，且毋自馁，即今资本活动，已见端倪。纺织之业，薰蒸日盛。纺织业者，工商革新所与肇始者也。故今日吾国已入实业发展之时机，精悍锐敏之实业人材，行且应时世之需求，挺生而不已。自此因天之时，因地之利，而和之人，盛満无疆。虽然吾犹未能无虑焉。

英伦工商未革新，有农业革新为之前驱焉。农业革新云者，谓始以巨资兴农事，始用新农艺、新农具，始兼并小田主而拓耕畴。乡民失田，则流而为人佣。田益并，佣益多。洎工商之兴厂制日宏，此失业之乡民，遂不佣于农而食于工。此工级之所由兴也。当是时，司密·亚丹及其徒众，方承法国计学家言，标榜放任主义，以天有常律，违之不祥。故政府之责，止于守卫，征商以税则商凋，加工以律则工疲，任其运化而辍干涉，则得自然之趣，而收富强之效。及千八百三十二年，国会改组，推广选举权。于是贵族失势，政权归商。自此以往，蠲保商之法，平进出之税，竟造自由贸易，工商大盛。然自工厂制度始建以还，劳工问题已生。政府格于放任之说，趄趑不敢问。资本益积，劳工益沦于惨刻，默然无告，浸假而贵族愍焉，学者忧焉，皆罪言生计学者，而抨击资本组织。欧温·罗伯(Robert Owen)等始激切论议，耸工人结团党，以资互助而拒苛略。其后金士连(Kingsley)、马立司(Manrice)等，更张教义而申人道，导育劳工，鼓吹合作。贵族如亚雪莱(Ashiley)、柯钵(Cooper)等，亦持慈恩主义，同情劳苦。此诸家言或恻劳民无告，或因基督友爱主旨，或承贵族仁慈遗风，相与奔走号呼。上讽执政，使立法令以护工人，下劝协力以相援助。然其时工人结党之禁未除，放任主义之势浸盛。私人平议，或偏于感情，或涉于遐想，要无大效之可言。及马克思(Karl Marx)出，始卓然成一家言，百万劳工，望风投义。马氏指挥若定，名满寰球，社会主义，始得确切之界说。其后巴枯宁(Mikbail Bakunin)异军特起，党徒亦盛，与马氏分道扬镳。近数十年间，杂说颇出，互结工团，以为操纵，至其流极，在法有“新敌沟主义”(Syndicalism)，在美有“世界职工同盟”(I. W. W. 即 Industrial Workers of the World)，在英有“社团社会主义”(Guild Socialism)，在俄有“波尔希微主义”(Bolshwism)，及其他种种共产社会之主张，不可胜数。然推溯宗原，多自马氏。说者称《资本论》为社会党之圣经，有以也。

夫社会主义之源委流别既如此，今论中土情事，何以云乎吾未能无虑也。日者俄国劳民，既已达共产之的，其势四布，正未有艾。欧美列强，劳工亦蠢然欲动。执政伟人，殚思极虑，仅乃补苴罅漏，迄未有彻底澄清之善策。独吾邦实业未振，工人不多。上海工商所萃，有时争资不决，亦复酿为风潮。以视他邦之巨大罢工，犹之海洋间惊涛骇浪，而池沼之微，亦间有鱼鳞荡漾以为响应。然而有识之士，且未敢安枕而酣卧。俄之变也，非工之多，实民之穷，穷则离，离则变。今英美之未变，犹以其生厚也。顾吾民何似，天灾洊至，兵祸频仍，民生之穷，亦已甚矣。使其一旦摇乱，非细事也。故安排内治，计较生灵，毫厘之差将成巨祲。执政诸公，可不念哉！就使暂且无患，而实业日隆，劳工日众，种种劳工问题，阶级竞争，举将复演于吾国。谚曰："前车覆，后车鉴。"今覆辙夥矣，奈何不智者见几，早作绸缪？吾不知将来之资本家，有仁慈如欧温者乎？有宽宏如福利者乎？使其薄人以肥己，营近而贻远，则冲动阶级之争，永遗无穷之患。拥资诸君，可不惧哉！然不肖尤以吾侪学者，实负疏解调剂之巨责。夫惟学者，乃能明史乘之变迁，人心之运化，学说之源流，兴衰之微旨。劳心者治人，治人犹言发踪指示也。今国内百凡待举，待举者，待纲举也。纲举而后目张，学者乃理纲之人也。约而言之，今日之学者，当悉心社会科学。务发明其旨趣，排汇其流别，参之以事物之常变，以示人以明白，而涵育培养新苞将放之思潮，解决社会棘手之难题。凡吾同志，盍兴乎来！不肖乘课余之暇，既摭此数言，以为缘起。下列数章，拟溯论社会主义之昉始，诸家言之概异，及其影响于政治社会。最后窃欲详讨“波尔希微主义”之原委发展，及俄国革命以还内政外交之设施，与诸国相互之方策。及其未逮，政愿与诸君子拳拳商榷者也。

概　略

“社会主义”之名词，沿用不及百年。千八百三十五年，英伦始见此字，然犹泛淼无定义。千八百四十年，法人雷鲍(Rey band)初绾此字入书。当时社会学说颇出。及马克思集大成，为一家言，社会主义及不期而大昌。其后支衍流别，尤有五花八门之观。向之浮以暗者，今繁杂不可复概论。故必叙列爬梳其源委，斯其流系有所附丽，而无淆樊之戚。本篇为行文醒豁计，直以马克思为干，先此者为根柢，后此者为枝叶。其间异乎马氏者，姑以为藤为萝，缘树并茂者也。今分左列时期论之：

一、社会主义孕育时期
二、社会主义蛹化时期(或过渡时期)
三、社会主义成熟时期
四、社会主义歧别时期
五、社会主义凌杂时期

时期云者，自其趋势而分，非绝对有历年可案也。故第一时期之人物，如英之欧温·罗伯(Robert Owen)，法之圣西门(Saint-Siman)、福利安(Fovrier)之属，所谓乌托邦社会主义(Utopian Socialism)是也。第二时期之代表,在法有路易·白郎克(Lonis Blenc)、蒲鲁东(Prondhon),在德有卫德林(Weitling)及赖塞尔(Lassalle)之属。第三时期,则有马克思、安格司,始创科学社会主义。及巴枯宁张无政府之说,与马氏异趣而殊归,社会主义始歧为二营,是为第四时期。最近派别益繁,门户愈多,马氏正宗,翻呈蹇晦之势,是为第五凌杂时期。要之此简单之分析,出之武断,原无足重轻,读者循其势而会其意是矣。

第一章　社会主义孕育时期

总　论

时势造学说,学说亦造时势。其因其果,还复相循。故以中世纪末叶之阘阘,教势凌张,民治衰歇。则有路德应运而生,橐书生一管,函义胆轮囷,掊击教会,投身僇辱,卒发千年之沉闷,树百世之光荣。又如卢梭生世,适当专制淫威,如日中天,民生困苦,吁告无门,奉天承运之义,又深入乎人心。虽以睿智之士,亦诎于威权而苟安焉。于是卢梭草民约之论,发专暴之诬,明权利之自天,教革新之无罪。此说一出,尽覆陈腐之思想,顿开灿烂之洞天。法民因之首去独夫。今所谓共和民主也者,何莫非仰卢氏之厚贻。凡此皆所谓时势学说,还相因果者也。社会主义之原始亦然。吾尝于缘起中论及工艺革新,始产劳工为一体。当时生计学者,从而奖夸放任得天道之义韵,干涉綮工商之发展。循至政府之责,止于巡护。然自厂制益密,币恶丛生。妇人童子,举沦奴域。欧温罗伯以纱厂主人,同情工役，瘝音瘏舌，发善施仁。然其说存想遐妙，难以实行，以有乌托学者之称。与欧温同时作相似之主张者，在法有鲍勃夫、圣西门、福利安、嘉培之属。

柏拉图论共和国而后千余年，而英人汤麦司马（Thomas More），又神游于乌托之邦。其后法国学者（革命前），若马培兰（Mably）、毛勒赉（Morelly）、勃烈沙（Brissot）、卢梭之属，皆尝汽然悠念，欲登斯民于衽席。然勃烈沙虽致疑于私产之造戾，而一旦登选国会，复翕然以产权之神圣，铸诸宪法。卢梭亦然。向者椎恨于始作产制，造人间罪恶之源；而论及计学，又同然以私产安全，为社约之基筑。约而言之，前乎法国革命之学者[①]，虽或蒿同民艰，间作不平之鸣，而未有除旧更新之主张，更无完密评备之建议。然自大革命以还，贵族寺院之权大削，向之呻吟苦楚不胜于苛政横敛之乡农，今则一椽自蔽，百亩给家，鹰狗之属，不复侵田，桥梁之征，忽焉俱豁。至于商贾，官家不食什一之盈，贩运复免征求之苦。盖所谓平民（Bourgeoisie）者，既已食革新之赐矣。然自工艺革命发轫于英伦，法土亦回环举应，实业日生。昔之商贾及贵族，举皇然建厂求市，收吸工人。工人既无田地，又不贸易，其所恃以糊口者，无非一体两手，经营机械，为人造富耳。故革命之惠，及于农，及于商，而工人无与焉。此可怜之工级，因实业之日张，庞然俱大。实业之张利益滋，工级之大境益穷。富者益富，贫者益贫，当其时计学放任无

① 原注："参看 Guthrie《Socialism before the French Revolution》。"

为之说，务除政治社会之阻力，而赞自由竞争之利效。其言曰："工以其力售，得价则留，留则去，听之则善，纠之则乱。"然按之实际，劳工往往供过于求，不佣且馑。资本家利焉，则减酬以挟之，工人不能争。旦夕得栖所，然且以为幸。工酬既薄，而厂之设备复不善，劳工贫病交困，而有司不问焉；妇人、孺子并为工，日作或十六时以至十八时，暗惨无人道。童子过疲偷惰，则鞭扶随之。男女杂居并作，道德堕落，室家流散。又令幼孩拭烟突之内，往往窒死。地下矿工，亦有女子童稚，情况尤苛刻不可问。吉朋氏作实业史，引案百数，皆令人指发不忍读。而资本家因之益富盛，计学家从而誉之，曰此放任之效也。

然自劳工益聚，亦尝过从相论议，计莫如联合为团体，以蕲公共之利益。法国自千八百十五年波奔复位而复，工会之禁渐弛。千八百二十三年，工人互助会之在巴黎者，有百数十之多。工人稍结，亦申诉其不平。当奥林王统之间，已有暴起为乱者。千八百三十一年，里昂之丝工，日作十八时，得资十八分，奋起而言曰："吾侪不工以活，则斗以死耳。"当路易菲立之在位，政权为中级社会所操持。计学家绥氏及巴士梯亚，方矜矜持斯密亚丹之余论，奖夸导谕自由竞争、自由结约、自由贸易之尽善。故工厂之黑暗犹然，劳工之无告犹然。然放任主义之流弊，已彰彰在人耳目，于是论议始蜂起：论实业之状况及影响，论资本劳工之关系，论理想社会之结构。学者创焉，劳工应焉。社会主义，始确然有与立。抑当社会主义之初产，因人异义，无有界说。本章所论者，姑指为个人主义之对称。其所训者，乃社会对于物品之生产支配及消耗，得行使全权操纵者也。

第一节　鲍勃夫(Baboeuf)

鲍勃夫生于千七百六十四年，法国主张共产制之第一人也。长年十六而丧其父，家中落，鲍氏不得复就学，给役于人。其后为一量地员，继被选为桑县行政官。旋以墨赇被发，判禁二十年。逃狱至巴黎，得与革命巨子相交接，而与共举措。鲍氏自幼即慕希腊、罗马之共产制，尝自名曰“格腊格思”(Graechus)。始创《庶民讲坛报》，实开社会共产主义之先河。鲍氏诋諆社会制度甚力，尤恨詈扑灭“恐怖时代”之执政者。坐此又于千七百九十三年下狱。狱中囚羁已满，皆侠可平社员及恃恐怖主义者，鲍氏得从容与计较。及释，谋覆政府而行共产制。其徒属自号曰“平等人”。率之者七人，皆新闻记者也。分其徒四出，以共产劝人。千七百九十六年春，得附和者万七千人。发《平等宣言书》，遍布民间，宣当时执政之罪，陈共产之利。无何，一首领中变告发，鲍勃夫及其徒众皆就禽。鲍氏与其友人大税，并撄大辟。鲍氏临死言曰：“余且长眠乎德义之乡。”

鲍氏既死，其徒众犹传布其旨义。及路易菲立之纪，有工人谋变，犹鲍氏之遗响也。

鲍氏理想中之共产制，大致与毛勒赍所著之《自然法典》不相远。其说尤类佛家言：“凡世结合，必平等义。惟平等义，乃皆欢喜。”鲍氏尤申言此平等义为绝对，为纯全；苟有一人较富或强，则此自然之和谐，即欹失不得其平。故其徒众皆誓捐弃一切，以致平等。其宣言曰：“天与人以均等权利，以畜用万类，夫惟遇此自然之律令，故有争阋，启苛暴，肇战祸，生罪孽。”又言曰：“在诚确之社会，靡塞靡亨，靡富靡贫。”“革命之旨，在于尽歼不平，重造幸福。”

然则何以云乎平等也？将汇天下之事物而计口匀之，然后听其自为政乎？如此则不崇朝而贫富立判。主共产者即不智，岂其见不及此，然则奈何？共产云者，公生产之事物之谓也。若土地，若房屋，若工厂，若铁路，若运河，举隶公。生产之顺序及其运转，皆主于公，将有司事执支配之责，户给而人足。夫如是则人食其力，安其生，虽有不平，将焉起？且共产之不成，非不能善持均平之故也？人苟欲之者，斯得之矣。今天下人徒以不胜贪利之心，不欲共产以自限耳。犹然轩渠于共产之不可行，其亦不谅之甚矣。

鲍氏犹知平等之不可一蹴而几也。其来必以渐，以渐奈何？始畜公产，主私产者死则产入公，继承永息。如此则五十年之间，通国之事物举属公，群民则举吏以治生产。是吏也，将等差众人之需要而支配其共有之产物。田园举归公，其果不得私，吏受不丰于庶民。民皆得为吏，吏主事顷之即退而为民，更复选吏以任事。吏执公役，非尊也；民听支给，非从也。

国于是析为区，区复为部。国有中央政厅，区有区厅，部有部厅；部厅主众人之交涉，而听命于区厅，区厅又承命于国厅。义虽自由，而政府尚专制。政府得视民之所便习，以指委其工程。区有盈亏，则输羡补不足，支配有余，则储以备荒。不废国际贸易，而私人不得事营业，发即夺其有为公利。将慎国交，有危言陋习，则杜其传播。书籍必闻平等义，导民安乐其生。政府厘订有益之工程，民必先服务，而后享政权。工程者，曰农，曰渔，曰航，曰艺术，曰商贾，曰输运，曰战役，曰教育，惟文学与美术不与焉。

要其法至简约枯索。男女长幼，不可得而齐。举人事者举平等而无差。衣尽同（仅以男女长幼别），食尽同，教育尽同。教育之旨在于切用，不骛高妙诞异之学。犹之庄子马蹄之意，贤智齐则争竞绝，机巧塞而天下平也。

儿子生则养之公，父母不得亲教之。以共产之义无争之德。衣食同，教育同，以齐其视听而约其志趣，出于一型将焉异，化于一炉将焉别。

其意犹约万汇使下平而无上达，上达争竞之道也。齐智于庸，而抑愚人不得智。使民无远虑，温饱安适，而天下已平矣。

鲍勃夫之共产主义，抑何其晦塞也！盖战国大战，而老子发无为之论；五胡大乱，而江左启清谈之渐。人之睿智，感于世变则内扫，内扫则往往有愤世嫉俗之言，矫亢异常之谋。鲍勃夫以异禀之资，怵目刿心于革命之惨剧，而慨然于私产之为厉阶，退而寻思：以为幸福不出于争，而生于平等；财产平则争自绝。至其息息以庸德为训，将以人力胜天定。设意虽不常，其切心救世，岂可诬哉！余述鲍氏事略及其规画，虽不详悉，而大意颇具。鲍氏死百有余年，而俄国有“群治制”惶骇天下。然按其迹，与鲍氏所尝舍身而未成者，何其景似也！读者念之。

第二节　嘉培(Etieuue Cabet)

鲍勃夫愤世之极，至欲锄绝文艺，铲灭贤智；使民饱食暖衣，安居逸处，混然无教，与鹿豕无所殊。老子之言曰："民之难治，以其智多。故以智治国，国之贼。不以智治国，国之福。"又曰："天下多忌讳，而民弥贫。民多利器，国家滋昏。人多伎巧，奇物滋起。法令益彰，盗贼多有。"鲍氏之意，何相似也。然其法过简晦，尽扫世俗之声色繁华。世人闻之，往往怜笑其诞妄。鲍氏既以身殉，迟三十余年，而霭梯昂·嘉培复有共产之主张。

嘉培，一匠人子。千七百八十八年，生于法之迪项。蚤岁勤学，阮长执律师业于巴黎。千八百三十年，为监督官于哥西加岛。未几以忤执政解职，归巴黎，被选入代议院。嘉氏自是竟毕生之力，治文学政治，著述不少。《通俗法国革命史》，其尤著者也。又创《通俗报》，发挥其共产之主张，亦称"逸客里主义"(Icarian Prineiples)。其后以著论诋法王被锢，旋逃狱去伦敦，得汤麦司马之《乌托邦》，而大悦之。逾年归法。著《逸客里游记》，自署曰"哲理人群之异志"。其书描述有国于斯，未之前闻，大不过英法而富庶安乐，莫可与京。民生熙攘，不识忧患，无论刑孽。

为逸客里之武陵渔人者，盖一英伦贵爵维廉。贵爵偶入逸客里，而始识乐土与天民也。归而著书，以告语其邦人。言共产之可实行而无弊。将拯生民于涂炭，非共产不为功。嘉培感奋其意，以除恶造福，非异人任。闻美利坚有荒土未辟，蹶然兴起，曰是可为也。集徒挈资，渡海而西，于江河之旁，得地一方。

然未及兴筑，而徒众多死于黄热，狼狈逃归。既而闻奴伏有地复趋焉，群众稍集，三稔之间，得从者万五千。于是耕地，兴商起市，成效颇著。然奴伏之逸客里，不久复哄裂。嘉培挈徒属移殖于圣路易城，寻死。又一支入爱屋乌省，面建逸客里于康宁。始起举债赁地，支木为屋，衣食简约，努力共作。及千八百七十四年，南道夫(Nordhoff)游其地，居民已清负兴产，安居乐业。有家十一，计六十五人，童子二十，享投票权者二十三人。有锯所一，磨砻一。有地千九百三十六亩，给耕者三百五十。马牛鸡豕百有二十，有羊五百头。

南道夫既游康宁、逸客里，著书纪其事，言其组合犹承嘉培之意。有二纲焉：曰皆平等义，曰人群友爱。其民岁选执政以掌公事。然买米一斗，汲水一石，皆不得擅主，无有仆役，奉事简朴。婚嫁不废，妇人甚尊。重教育，儿童六岁入学，十六岁则与众共作。

要其法虽简陋，而共产之意已申。

嘉培，仁人也。其旨廉甚廉约，在于阐平等义而以友爱为中经。“或问之曰：科学云何，曰友爱。主义云何，曰友爱。训导云何，曰友爱。学理云何，曰友爱。制度云何，曰友爱。”嘉氏又和平人也，将以五十年之期，教天下以共产之义，而后齐其效。嘉氏建言共和之政体，其执政举听命于民，勿能为专主。家村省会日壤，犹之一型。衣饰(只分男女老幼)无别，章彩大同。室家之制美备，妇女有荣尊。善励勤俭，奖育文艺。民高自由，而通工作。男子六十五年而息工，妇人五十岁。冬日治事七时而夏五时，女子则四时已足。午过一时，群工举息。

第三节　圣西门(Count Heury de Saint-Simon)

鲍勃夫主平等，嘉培言友爱，而皆以共产为归。鲍既以身殉道，嘉培亦经营逸客里以终其身。然论今世之社会主义，则以圣西门为嚆矢。其目的不同，旨趣不同，性格不同，方法不同。言共产者欲齐贤愚，屏伎巧，俾民朴敕无争。圣西门不然，以为愚智贤不肖，秉之自天，卒不得而齐。然世人以强凌弱，以智协愚。富者以其资，利用工人。工人终日劳瘁，仅乃得食；富人估余计盈，安居逸乐。社会之制，抑已弊矣。夫人劳力工作，以享用其果，不侵不争，无虞无诈，上承天心，下浃人意，岂不善哉？

亨利、圣西门，以千七百六十年生于巴黎。其家世门阀甚尊，出霞立曼大帝之系。其伯祖圣西门公爵，有名于时。然其父失欢于公爵，不袭。圣西门方十六岁言曰："余虽不承公爵之荣禄巨产，而传其好名若渴之精神。"少年倜傥不苟且，尝诏其侍者，方晨觉而语之曰："公子其兴，汝忘有大业未完哉。"未冠投军。闻美土报英，渡海诣华将军而斗英士。约克镇之捷，康华立斯之降，西门与有力焉。年二十三，归法为大佐。然未几即弃行伍。其论美洲之行曰："余娴军略，盖不如其好政治。战阵之事不足多，其所以为战者可思也。余尝感奋美民之义勇，辄就劳苦而无怨。有志竟成，岂不大哉。称兵，非余所欲也。吾志不在行伍，吾欲求人心变动之道而寻绌其端倪。然后竭股肱之愚，以蕲臻尘世于乐土。嗟余生之渺渺，使能为万民谋一介之幸福,虽使摩顶放踵,所忻愿焉。”

圣西门离美之先,见絷于英人,被放于中美。因游墨西哥,说总督筑运河,沟通二大洋。其后又谋凿运河通西班牙京城于海。适法国革命起,遄归。西门虽潢贵而同情于民军,然卒以嫌下狱,拘处二年。一夕梦其先祖霞立曼大帝,告以前途之远大。西门自记大帝之言曰:“吾家尝有英雄伟人,荣华尚大,世莫与伦。嗟汝小子,其为哲士,以追荣媲美于乃祖之丰功伟烈。”

圣西门既出狱,适政府折卖公地(原属贵族及寺院),乃为企业,竟积巨资。其后七年,力学不辍,尤潜心生理及物理诸科。尝欲统汇诸学,以制一系。大哲学家孔德·奥格斯脱(Augustus Comte)从学焉,所谓“实验哲学”者,犹祖述西门云耳。

然西门犹自视缺然,以徒学不足以知世,必身亲历验而后快。乃如乡里言吕纯阳,尝试为诸等人物,始贵而贱,繇亨及蹇。初出为巨商,自奉甚奢,以次陵降,至于贱役自娱,穷苦不可名状。西门以身为刍狗数年,虽领悟不浅,而劳心苦志,俄然衰矣。年四十三,始著书,致力改良社会,不复变业。迟二十二年而死,六十五老人矣。

西门著述不少,下列皆其知名著:

Lettres d'un Ⅱabitant de Ceneve(1803)

L'industrie(1817)

L'organisatem(1819)

Cate-chisme des Industriels(1823)

最后而尤要者，为《基督新义》(Nonvean Christiansme)。自来哲人学士，往往艰苦不得志，或不为世所容。西门之生世亦然，资财屡空晏如也，尝就食于其故仆，晚年倚人而活。年六十三，否极谋自杀，然一息尚存，其救世之心，未尝稍懈。尝言曰：“往者哲士诗人，存想于遐邈洪荒之纪，民生浑噩，怃叹以为至乐。此实大谬极愚。夫黄金之世，犹且未来，我祖我宗无与焉，我子孙将及之。然铺途筑路，以诣大同，非吾属之责而谁耶?”又尝著书，力不能印，因投函当代名人，以匄资助。其言颓唐可怜，书曰：

> 吾仁慈之先生乎。余饥寒濒死人也，恃面包、白水以生者，半月于兹矣。家未尝举火，而勤学不辍。衣物尽质，仅乃蔽体。私心切切，雅好学问。蒿目时变，辄焦心极虑，欲谋安全之法，普济群生。然而莫或予助，以底困穷。今姑仰首一鸣号焉，岂有仁人君子，为苍生幸福计，使西门得竟其业，成其意哉?

寇恺伯(Kirkup)言西门：其思想深刻而不舒畅，滞执而不清利；其著作多反覆陈述，尤疏结构而欠缜密；然其论理诚切而不剿袭，其影响于近代思想不少，既开社会主义之先路，大儒孔德复引申其意，以成“实验哲学”。

今论西门社会主义，不胪其条目，仅列其大意。西门以为社制既弊，必溃决其朽腐而后重建设。革命之役既破坏矣，而更新则未也。西门主张和平不亢烈，尝条陈其计较于路易十八世。以为封建军阀之制，不可复容，而议以实业之领袖，主持社会。中古寺院之制，不可复容，而议以科学之士，督率性灵。其言曰：天象运行有系，江河流别有系。人介乎天地之间，固不能无统率之道。使其有奇才伟能，能致人群于利福，则其宰制治之权固其分也。加莱尔（Carlyle）有言曰："夫企望于真实之领袖，俾予勿歧误。余矢之以忠荩而效力焉，岂非众人之愿哉！"昔者教皇临诸侯而执判焉，自教势之衰，诸国纷争，无所讼正。即今集强智之士为议会，以正全欧之是非，俾措兵革，息祸变，不亦善哉。

所谓领袖者，将荟人群而类焉。咸执其业，其所获视其所成。贤愚不可同，故均等不可训。不劳心则劳力，天下有公道，游民惰民不可恕，小则仰食于人为社蠹，富而无业是为贼。继承将永绝。

产物以给生，产增则生富，此群治之旨也。西门训利用厚生。然后世学者硁硁于资本、劳力之间，西门则忽焉。其意以为督率生产之实业领袖，凡举措必以公共幸福为前提也。然及《基督新义》出，西门之学说，一变而取宗教之法式，亦以此与孔德龃龉。

方《基督新义》之未著，西门未尝言神教。然暮年皈依上帝，而析教义成新说，尤重道德之信条。言群治重新，而胞与之旨不可失，箴曰："咸体天意，以拯无告。俾身体勿困穷，俾道德勿堕落。凡有组制，毋违此训。"此训实为"圣西门主义"之南针。宗教之精义，矫弊之方策，乃殊途而同归。

圣西门主义者，纯粹社会主义之初型也。其法，公生产之程序，而按法定之准则，以支配生产之结果。惟此准则，因人殊异。学者亦称圣西门主义为"社会主义之正宗"，以其等差个人之能力与需要，而量工作之臧否，以定其酬报，公产与私人并存而无害。

圣西门生前，仅有三数从者，其义不昌。及千八百二十八年，其徒白沙(Bazard)始播扬西门之生平及其教训。后二年，白沙与安封丹(Enfentin，亦西门弟子)并以奉西门主义，有名于时。七月革命以来，声势益盛，知名之士，稍稍归附之。西门尝执教于工业专门，以故其生徒皆奉西门，从者益多。因自差为三等，聚居为一族，设公积堂，衣食赖焉。

然不久即内讧。白沙刚健持正，安封丹耽于瑰妄，欲决男女之大防。白沙恶之，竟绝去。其后安封丹益纵逸，内竭资财而外逢讥贬，乃迁去他邑，共产而居，诡服异众。无何，其首领以行事怪诞，淆惑视听得罪，其徒众遂哗散，或为机师，或为化士，或为商人。独画苏彝士运河之莱散泊，亦其一人也。

白沙独凝重慎思，推显其师之教义。其论史分二期焉。其始危狭而消负，其终机构而严成。其始哲理制治，而利利战争变乱显其里。其终宗教制治，而顺从诚爱联合明其德，联合之德，始于家庭，延于乡党。团而为国，集以为盟。大联合之谊，而民得其所矣。往者人道之律令，在于“人用人”而循三期焉，曰奴役，曰农役，曰工役。自兹以往，要在人与人相联而利用天。今世实业之领袖，务利用其工役。工役名虽自由，而求资以活，不得工则饿莩耳。私产之制已不平，而法律复容许继承。于是有奢居逸处，无功而享众人之辛勤，富贵相传袭，贫苦亦永继。故计莫如先废继承之法，而汇生产之利。如此则社会独为主人，而群作群生，群食群息，承袭之权不属于家而归于国。

言西门之道者尤斤斤于论功分利，以“教务政治”治民，量材给工，因工得酬。

其言男女无别，男女皆群之一体，不以其性分畛域。国民有三大职，布道齐家治国，男女无殊也。然圣西门不废婚姻之礼，而安封丹主男女无法范，以是逢讥焉。白沙虽独立，而安封丹从者亦众。

卒之圣西门始倡社会主义，其功不尽诬。约而列之，得数端焉：

一、同情于贫民，极贫为第一义；

二、重工作，劳工神圣为第二义；

三、尊妇人，男女平权为第三义；

四、训息争，国际和平为第四义；

五、寻工与产之沿革，而溯社会之原始；

六、分实业社会为二大级，而指陈以“人用人”之不平。劝工人相联结，发工党历史之第一声；

七、以改良社会为政府无上之天职;

八、论继承法之不允。言公道必先废继承。

第四节 福利安(Charles Fourier)

斯丹痕(Lorcuz Von Stein,著《Social Movement in France》)之传圣西门与福利安也。论曰:当圣西门蜷伏于巴黎一椽之庐,衣敝履穿,穷年矻矻,殚思极虑,欲解斯民之倒悬,而造富乐于无疆。门人承其余绪,斓然为一家言。则又有一人焉,居法一方,未尝闻圣西门之名,同然有济世之心,而其法术迥异。查理士、福利安是已。夫二伟人同时同国,其学术思想,辟新迹于人间世,而又各不相谋,斯亦奇矣。

是二人者,又相反而相成者也。其一初起为豪贵,其一为庸民。其一潜察默审人间之嬗变与演化,而求得一线之光明,以与世更新。其一以史乘为层累之纰谬,不足以师资而取法,则反而求诸方寸灵府之间,寻绎法令,推演以致高尚纯美之社会。而即此法令,以诠发宇宙间过去现在未来之现象。其一论主权,重中枢。其一主分权,布自由。其一以国家为主干,其一以小体合为群,福利安名此小体曰"法郎基"(Phalange)也。

圣西门富于情感,而福利安辨悟循理法。圣西门造宗教,而福利安订科学。

千七百七十二年,福利安生于法之培生港。其家世平平,父为衣贾。福利安自幼辩慧,十一岁即以娴法文、腊丁知名。好地理之学,积资辄以购图型,尤好音乐与花。初起经商,历游荷、德诸邦。父死遗产万金，革命军兴，尽丧其资，身遭囚禁，既释从军，旋以体弱复归商。

福利安虽营商，未尝得大利。性仁善好施与，而介然自守。方少就学，见道旁跛瞽，辄分其馔与之。

五岁从父设肆，买主来辄指语物之诚赝，父常戒斥勿许。十九岁从米商，当饥，商故积米不售，使价益高，米烂于仓，而贫民不得食，往往饥死。以此二事，福利安常耿耿于营业之不公，人心之鹜利。因慷慨自期，欲矫流俗而挽时变，创作法式，冀民少休。未死十年，日危坐家中，以待世有贤君善人，采其谋而用焉。要其法未尝有大效，门人亦不多。

洎西门之法既弊，福利安始稍稍有闻，从者益附，始设报章，布其旨义。千八百三十二年，有“法郎基”建于浮塞之乡，无何即败。迟五年福利安死。福氏生平简约清廉，仁人之心，泛爱群生，而浸润于人性本善之说。以为白圭之玷，无不可磨，奖掖得其道，则至德之世可几也。

“法郎基”之制，为福利安哲理之中华。然其于宇宙神道心理三者，持有殊别之见解，以此绚染其法制。故其所从来，不可不论焉。福利安讲神道，以为宇宙即神，神铸法令，从之无害。帝既为人备万类，而人徒以谬解挫挠其仁心而滋戾焉。奈端发明摄力之理，以解释物质之运动。福利安以为宇宙之间，有运动四：曰质，曰机，曰智，曰群。而此摄力者，弥散布浃，无所不达，上绾洪钧之运和，下沦蠉蠕之滋生。使造物之仁旨，不昧于人心，则魂魄安焉，群治体焉，变乱云何哉！福利安反覆申喻，不外诠戡此仁旨云耳。自以其论理深明天人之际，而得环中之妙。

福利安之释宇宙，亦已恢矣。尝测世界之生命为八十万年。四十万年进化，而后渐衰。自混沌及今止七千年，犹然襁褓耳，是为文化时期。文化云者，犹言造作矫揉，人以其妄智，愆造物之仁心，既已几千年矣。夫情欲自然，今人桎之梏之，桎梏自然则变矣。正之之道，莫如纵情任欲，发育自然。

福氏于是论心理。原始情欲有十二，而含摄引之力者三。五可觉，视、听、味、嗅、触。四可感，爱情、友谊、大志、慈意。其余三者，曰更迭之情，曰好胜之情，曰结集之情（是为制情之节），有更迭情，故好众类。有好胜心，以成谋嫉。有结集情，故能汇别群感以应事物。其初二类，制于三节。最后又有一大力合群之情敷布周浃，联贯诸情而融和之，所谓"同情"者是也。七色运和自然而成白。情协无核，"和气"生焉。

故福利安以为情欲得自然之趣，则天人交会以肇和气。故必铲绝当世之文化，以为先路焉。文化人为，非造物之旨也。其理想中之社会，曰"法郎基"。"法郎基"者，容四百家，可千八百人，画地为居，以自生给，有农事，有工业，有愉乐之机会，人之嗜好才能，皆得自由发展。福氏以为群利犹私人之利，群福犹私人之福，私人得自由，群沐其休。

法郎基为社体，而七人或九人相结而为团。二十四以至三十二团为一系，集系而为体。其结合之法，一本自然摄引之义。法郎基建一大厅，名曰"法郎司推"（Phalanstire）。结构精湛，广大舒利。其中陈设，或一致，或殊别，一视居者之所好，务厌适其趣。然一“法郎司推”之中，不容离群索居，或私利猜忌。尘世之所有，“法郎基”所无也。

执政之权，较然仅矣。然“法郎基”不废有司，众共举之，尝试有成，则扩之使奄大地而后已。“法郎基”为一体，更集诸体而成群，合群以为联，犹之联邦也。联亦有长，将以康司但丁为都堡，元长居焉。

“法郎基”之精神在于自由恋爱。男女相悦则相处，不合则涣。

“法郎基”之工程，悉用科学之方法。而本自然摄引之义，不强人以其所不好。易业有自由，福利安以为造作性也。指导得其方，则人且瞒然以不劳为忧，苟有完全乏味及艰难之工程，则制机械以替人力。

然后支配其劳力之结果。人各得一分，养给有余裕。复匀其剩余为十二分：五分酬劳工，四分酬资本，三分酬才能。“法郎基”不废私家之资本，而利用才力之不齐以斡旋焉。酬劳工之道，亦异于今所行者。治公共切要或艰难之工得上酬，有用之工得中酬，愉快之工得下酬。

妇人享生计之独立，与男子无殊。稚子满五龄，即有所助力，亦得其酬。

福利安之法，凡所谓“乌托邦”，盖最美备而缜密。然其发轫之大义，与世所谓经验与计学所指教之人性之本然，及天演之律令，甚不符也。福利安不较人心之私利，而赞自然有中和。

学者推论进化之初期，人内自抑制其兽性。而福利安反道而训焉，其论婚姻是已。从福氏之道，则所谓“和气”者，毋然覆灭文明，挈世而归狉獉之世非耶！

然而福氏之功，犹未尽诬也。其评当时之社会，指其废腐，发其芜乱，攻其败德，敢言不惧，未尝不中肯綮。即其所建议亦目光如炬，扼后世治化之要键矣。其谆谆于私人之自由，及地方之自治，尤可念哉。要之“法郎基”之为制，大足以包容今世科学实业之成效，而集权专制之弊莫由生。今世民治日进，城镇区乡，皆有自治之趋，向不已验乎！

第五节　欧温·罗伯(Robert Owen)①

说者谓法国革命，其关系于政治者微，其影响于心灵者大。王权神授之说既破，而言论思想之自由，复铸之宪章，奉为民权之圭臬。于是恢奇诞异之言，纷然并出。鲍勃夫、嘉培言共产，圣西门、福利安昉作社会主义，白朗克路易权舆工党，蒲鲁东始辟无政府主义，然皆限于法境。英伦学者，缄默不为呼应。有之仅欧温·罗伯一人耳。当是时，英以工业先进，其国情尤殊特。请于叙欧温生平之先，略述当时民生之概况。

英伦自工艺革新，大城蔚起，巨资益积，工民益附。工民既失经济之独立，又乏政府之势力，生活苦难，终鲜教育。时或走相诹议，则刑法随之，指为叛逆。（千八百二十四年前，按千八百年律工人结合，以谋叛论）。

---

① “第五节”三字原缺，据文意补。

工艺革新，利用矣，厚生矣，然而工民无与焉。当时之工人，大都沦于赤贫。兢兢焉夙兴夜寐，胼手胝足，而犹虞温饱之未给。机械复日出不穷，以夺劳工之位置。不宁惟是，自妇孺为佣工，资给贱，工人多有闲散，恃妻子以为生，甚且流为盗丐。工厂设备陋劣，不适卫生，男女群处，弊恶滋生。其生子女不强，多有残废。官家虽有济贫之法，而办理不善，适以助害。欧温生当其时，目击社会之情形，油然动恻隐之心，发言施仁，冀拯困乏，所谓时势造学说者也。

欧温以慈善家称，实为英伦社会主义之始祖。千七百七十一年，生于北威尔斯之新镇。其父小有经纪。欧温十岁即辍学，给役于人，十四岁自伦敦至孟切斯德。

孟切斯德者，犹之中土之上海，当时纺织业之巨城也。欧温十九岁即任纱厂经理，厂佣工五百人。欧温年少英锐，聪明勤劬，数年之间，厂益宏茂，以此擅名。其后以婚姻之关系，迁居于新拉挪口，复管理一纱厂。方欧温之未来也，工人二千，中有孺子五百人，皆不驯善，酗酒淫盗，无所不至，教育不兴，卫生不讲。有数家族杂居一屋，渎乱极矣。

欧温忧之，慨然以改良为己任，奋不倦之精神，殷殷教诲，导工人使迁善，习勤俭。设售品所，不谋利，以便益工人。尤注重儿童教育，始创幼稚园，英伦未尝有也。

欧温经营公益，耗资不少，给厂虽发达，而股东有烦言。乃舍去，自募资设新厂。（千八百十三年）当时大哲学家边沁氏及有名之清净教徒威廉·爱伦（William Allen）皆附股焉。此厂纯为慈善而设，欧温始无掣肘之患，而得施展其宏猷。

同时欧温亦著书立说，阐扬其教育慈善之意。其名著曰《社会新解》，或曰《性格养成之擘索》，于千八百十三年出版。大概以为圣凡贤不肖，非秉之自天，要皆可以人力为之。人力云者，环境养育之谓也。夫孺子之心，犹白质也，涅之墨则缁，髹之朱则赤，彼固未尝能自为衡量也。能为之衡量者，独有养育教训之责之人耳。传曰："曾子家儿不知骂，孔子家儿不知怒。"犹之欧温之意也。

是故教育尚矣，敦品者不足誉，而毁行者不足责。今日之图，在于设其宜境，以优养儿童之智德。智德之全，则群治隆而乱孽塞。物虽欲厉之，不可得矣。

欧温竭数载之力，兴办新拉挪口之教育，成绩斐然，声名洋溢。又尝敦促政府，立法以范工厂。游历大陆，献议于君王执政。于是善士学子，政彦皇裔，震于欧温之治效，往往千里裹粮，临视新拉挪口，俄皇尼古拉斯其一也。客之来者，皆称善赞叹，其乡之稚子，蚤年受一致之养育，执礼彬彬，仪止自然。居民丰庶健康，知足不辱，饮酗永绝，奸宄无闻。纱厂之工属，皆视欧温如家人骨肉，怡怡无睚眦之萏。其厂事措理，整率易平，犹然岁有巨盈。

欧温朝暮皇皇于利济，其于乡人老幼，犹之慈母之于子，劬劳顾恤，若忘其身。及千八百十七年，大战甫已，疮痍未平，英政府特任专员，修订《济贫法》。欧温驰书献议，始发社会主义之端倪。欧温推果及因，以为贫苦之充斥，颠沛之频仍，虽近因于战祸，而溯其本原，尤在人工与机械之竞争。补救之道，莫如一国之民，合力共作，废资本制度，而以机械为从属。

欧温议以千二百人为一村会，有地自千亩至千五百亩（英亩）。为大方屋而群居焉，厨灶共、餐室共，然家有私室，自为主政。子女过三岁，养育于公。然父母犹得抚视其饮食与疾病。一村之人，相与通作，共享其成。

欧温盖以新拉挪口为蓝本，而缅想大地之上，辄有无量数之新村会，错落点缀，以致休宁。新村之生活，以农为主，工为辅，要以自营自给为旨。重教育而均机会，惩私利而奖群德。联合城乡之利益，设为种种行业，执工者得自为选择。尤奖掖发明，以盛物质之文化。民皆乐其业，便其俗，安其居，熙其生。一村为一体，然后十村百村，千村万村，以至无数村，相与联贯，布塞天下，乃所谓共和大同者至矣。

欧温名益盛，报纸揄扬之，妇孺颂道之，王公交驩之，前途昌大，正未可限量。然无何，以临伦敦大会演说，悍然攻诋教义，舆论哗然，群起声讨。向者如火如荼之盛名，乃不旋钟而烟隐雾消。即其固有慈善之主张，亦以其不忠于上帝，时人方唾弃之不遑矣。

然欧温曾不以此自馁，益亟亟欲一尝试其计较。卒以千八百二十五年，其友公畀始建新村于葛来斯告（Glasgow）之附近。其后亦自营新村于北美印第安那省之新和乡（New Harmony, Indiana）然二年之内，先后举败。当时共事之人，至不齐谐，隐士哲人，贵官富商，乃至氓痞无赖，皆有之。其尝试之未成，从可知也。

美洲之役，丧资过半，既而与其纱厂之同事，积不相能。乃于千八百二十八年，尽辞新拉挪口之职务，而移居于伦敦。不复事营业，而号召徒众，鼓吹不信上帝，社会共产之意。千八百三十二年，创劳工均平交易之制。其法以工券代币，以通交易。千八百三十五年，始制"社会主义"之名词，前此未尝有闻焉。

数载之间，工人闻风景附，举舍夙奉之宗教，而尊欧温若大师。其后又试为新村不成，后协作运动（Cooperative Movement）又不成，晚年信鬼。千八百五十八年，卒于故乡，享年八十七也。

欧温之败，有可解也。其始出为慈善，声誉甚隆。后以诋諆教会，遽为世俗所诟病。又主度婚姻之制，撤男女之防，重冒天下之不韪。溺于环境造性之说，而昧于天演进化之大例。动物自孑孓缳蛸，至成人身，人类自獉狉而造文明，其间绳迹较明，可以按溯。用石之世，不能躐等而制铁；穴居之民，不能构宫室之美好。其来渐也。欧温乃漫然存想，以为至恶之世，可顷刻而变；郅治之隆，可一蹴而几也。夫社会弊恶之原因，至复极凑，岂如尘垢之于身，可以括剔而去哉！

卒之欧温创始社会主义，皦然不可掩。生平急公好义，为善若不及，亦史乘未易人也。他如始办幼稚教育，短减工作，卫生改良，保工法律，合作运动，劳工联盟，皆其事功之彰彰尤著者也。

大家要实行不合作主义①

不合作主义、罢工主义，是智识阶级对抗卑污苟且的政治社会与唯一无敌的利器，是各个人解放良心上的负担，刷清人格上的纠葛，最简单最直接的办法，是烧净丑陋肮脏种种的一把圣火！

蔡培元不合作主义的宣言，是他全人格的一个肖像，是一声充满正气的警告，在这混浊的政国里，仿佛是个宏伟的霹雳，从无极的青天里，直打下来，叫人连耳朵都来不及掩盖！是民国以来一篇开辟纪元的文章！

他这番仁勇的精神，如其再不能引起天良未昧者之同情的反应，如其再可能燃点人人心灵中原有的仁勇火焰，那便是华族人荒心死的一个铁证，我们只能哭悲观的哭，只能笑厌世的笑，那就完了！

议员先生们通过张内阁不奇怪，不通过不曾疏通的施肇基也不奇怪，不赞成蔡元培不奇怪，他们之所以宠爱那位至于此极的教育总长，那才是怪事的怪事，那真是西洋人所谓“Bao

① 署名“徐志摩”，刊于 1923 年 1 月 26 日《晨报·舆论之声》。

Taste”了！大概他们是有意要行使他们手里的威权，给“过于嚣张”的教育界一个不打折扣的下不去。真是下不去！

“同情产生同情，恶感反应恶感”，最应该不涉意气的国会，偏偏来闹意气，难道人家就都是奴隶成性，就肯服服帖帖仰着鼻子吃毒药吗！

错是不能错到底的；现在要免教育之糜烂，有一个简单痛快的办法，大家请听！

那办法就是不合作主义的实行。如其上面硬要强迫我们承认丑而且恶而且背后有历史的妇人做老婆，我们就不干！非但学校里的教职员应该不干，教育部本身也不少有血性有天良有的人，他们也应当有相当的表示，他们也应当声明不干，如其上面硬要予人以难堪。再进一步说，非但教部并且连所有服役的政府的人，临到这样倒行逆施的政治，倒行逆施的国会，要保全人格清白，也只有不干一法。教育部的部员，尤其是教育界，因而是国民的模范，他们临到切身的重要问题，最应该有保持人格尊严的表示；我们国民也最仰望他们有适当积极的态度。

你们不要错认你们的职业，是个单纯的饭碗问题，你们不要以为总长能够想法发薪，就轻轻把煤块炭末擦黑了你们良心的清白，占据你们部里第一把交椅的人，第一要给你们查验他人格的护照，主义学问还在其次，否则他的黑影子罩下来，连你们清白的头颅也不免影成一片糊涂，你们愿意吗？

在相当的机会，我们国民连生命都应该舍弃，何况暂时的一个饭碗；你的饭碗要是在道德的地板上摔破，那发出来清脆的金石之声一定在人的纪念里留下不易消灭的痕迹，勇敢是道德的一二，懦性是最不可恕的罪恶。时不可失，于其将来半夜里负歉，何如及时来一个甘脆！

总之不论是教职员，不论任何部部员，现在事已如此，非从速有相当的表示不可。我们民族独有的美德——读书人的节气——全靠今日你们来做一个榜样，那相当的表示，最简单莫过于趁早大家不干，实行不合作主义！

还有一句话，诚意是任何行为的主要条件。你们果然认明此番风潮的是非，果然认明良心上的污点，决不是一两月的薪水可以洗净的，你们要是真来一个“咱们就不干”，真肯牺牲；你们就应该准备一个彻底人格的尊严，道德的标准，决不是可以随便让步的！现在社会政治里向的丑陋肮脏正多着哩，全靠国民人格里放出来净化的圣火去烧一个痛快！

二十五日

为什么不?[1]

“有朋自远方来,不亦乐乎。”西洋来一个外交官,我们开会欢迎;西洋来一个政客,我们开会欢迎;西洋来一个资本家,我们开会欢迎;西洋来一个宗教家,我们开会欢迎;西洋来一个大兵官,我们开会欢迎。罗素说的到中国来的外国人可分三类:来括削我们膏脂的商人、来侵略我们土地的军人、来超度我们灵魂的教士。

最近方才有几位学问家光临,这是中外交通史上的新气象。我们原来是礼让从容的民族,如今感觉了文化的饥荒,益发低首下心的想向西方请益,所以每次有相当欧西文化的代表来时,至少我们的总商会、总教育会总怠惰请吃饭、请演说,不论有相当的了解与否。

但我们求知好学的热心,固然可佳,同时我们也应得再深入一层,启发艺术界直接的密切的同情,那时我们才可以知道欧西文化真价值之所在。

所以上次英国霍路会剧团来时不曾引起中国人相当的注

① 署名“徐志摩”,刊于 1923 年 5 月 18 日《晨报》。

意，我个人觉得是可惜极了。

这次又有一个最最难得、最最弥贵的机会临到了，我们再不要让他随便错过才好！

这机会就是欧洲大梵和琳专家（Violinist）喀拉司拉（Kreisler）的初次东来。他才是值得一欢迎的外国人。他是近世音乐界的大天才，音乐又是白种文化的天才最集中、最高尚、最纯粹的表现。我们若然不曾领略西方的音乐，我们就没有见到欧化的菁华。

我所以郑重的大胆的说：我们是没有真音乐的社会，不要说二簧、西皮、三六调，就是昆曲丝竹也够不上音乐的名称。

你们听了大“胡琴”家这个名词，若然联想到王玉峰的三弦，或是刘宝全的大鼓，那你们的资格就够得上当现在的中华民国国会议员，因为前天我们有福气听到一位罗汉先生的妙语，他说莎士比亚“算什么会事，他无非是戏馆里的一个案目，他的戏还不如我们林步青的滩潢[簧]哪？”

艺术的目的决不是娱乐，真音乐史不是娱乐，真音乐是人类理想和情绪最高粹的外现，神灵的戟刺，灵魂的补剂。

喀拉司拉是一个真大艺术家，他在欧美每次演艺，没有不满座的。他到东方来，真是太难得的机会，独一的机会。

他琴弦上颤动出来的妙音，全世界再没有第二人能奏演的；我们能听他一次，真不知是多大的幸福哪！

他本月二十五、二十九在天津，廿六、廿八在北京平安演奏。

座位颇贵(比比的,但是十二分的值得),头等六元,二等四元,昨天我去看过,四元的早已卖完。六元的也只剩了不到十数。而且我敢断言买票的都是外国人。

我现在有个提议,请注意——我想我们最好道[设]法请喀拉司拉君特别为我们学界演艺一次。或者我们可以请真光,或新明的主人来主办,我不知道喀君已经到京没有,但我猜想果然我们学界方面有好艺的热心与对他个人的仰慕,他一定肯为我们特别演艺,至少一次。

如其演场大,入场券也可以卖便宜些。最好各校爱音乐的人都出来帮忙、宣传,我很希望我们这次能做到这件事。

生命经济[1]

阎一士死了，阎一士是谁？阎一士是法国新回来的学生。他在巴黎整整的住了八年工夫，好容易做成博士论文，得到了博士学位。他是位很勤力的学者，这几年工夫专在研究中国种种政治问题的解决方法，他回国不到两月，就客死在北京。人死了，学问也死了，志愿，希望，怀抱，种种都死了。从前讲经济是讲政治经济，或是社会经济。现在最重要最应得讲的经济是“生命经济”（Vital Economy）。一个灵魂出世，不是件容易的事。十月的胎，三年的抱，一二十年的教育，不单是生身父母的责任，虽则他们的责任可算是最大。一个健全的人格之养成，不论男女，是全社会的一件大事，人人应得感有相当的责任与注意、期望与情感。我们中国的大社会里，有机会受高等教育的能有多少；有机会受外国特别教育的更只有多少。这几个天明时节寥落可数的明星，当然应得是全社会情感之所系，期望之所附的对象。他们有机会多少充分的发展他们的天赋与个性，社会应得自喜自豪，不仅为他们对社会有高出常人的助力

① 署名“志摩”，刊于1923年8月12日、13日《晨报·闲人闲话》。

与贡献，而尤为各个活泼的、自觉的、坚强的、优美的人格之造成的事实□□，活的人格的造像，是全社会的心与手所合成的真纯艺术品。什么艺术都不如生命的艺术，所以能产生出生命的艺术家的社会，就是一个有出息的社会，犹之生育美婴孩的母亲，至少是个有出息的母亲，反之如其产生下来的不是丑恶，就是残废，先天的责任，也就免不了还是在父母的身上。

所以如其以父母比我们现在的社会，这对父母一定是变态的父母、不健全的父母，或是不负责任的父母，试问何以教育——尤其是最高等教育——应得是社会的生命，事实上却反增加社会已有的病痨；应得是救渡的使者，事实上却反是堕落更深的原因，应得是改良增美的主动者，事实上却反是丑变低化的败家儿——简单说，何以到今日智识阶级却反是我们民族最大的"鬼"(Casl)，我们文化最大的敌仇。何以东西洋留学生盈千累万的，一排一排的登台尝试，尝试的结果不是让国民打破头、掘祖宗坟的"卖国贼"，就是胰子泡似的仅有外表、经不起风吹就出丑的懦夫与弱者，再不然就是实行厌世主义(Cynicism)任何什么标准都不能容许的"爬虫"。

经过了如许的创痛与损失，我们再不来研究研究生命经济更待那一天？但我此时却不是来做生命经济的论文，我只为了阎一士的死。今天下午坐在北海快雪堂的门前，引起潮水一般的感想，忍不住一度的发泄。我并不是可怜阎君个人的死，我与他虽曾在巴黎见过，但并不十分相识。我恨的是从社会的观点看来，从生命经济的观点看来，这样的损失与耗费实在是太大。固然我们谁也不能保证阎君若然不死，就定是社会的福利，但理论上或理想上我们应得假定像他一等的人应得是社会福利的中介；至于现在一般留学生之没出息，我敢咬定牙根的说，是社会最不幸的变态现象，是偶然的，是不应然的。

阎君短命的原因我不知道不敢随便说，但我却有几句话，不必与阎君有关系，虽则因他的死而引起的几句话，不得不痛快的一说。听说阎君在海外有"圣人"的雅号，他的勤学又是著名的，所以我下面的话，可以说简直是无关于他的话。

经济的一个原则，生命经济同政治经济一样，是无谓的消费或糜费的防止。讲究体育种种的老话我们听厌了，不必说。但一条理是很明白的。一个人的本原或活力是有限的，你若然不量入为出，或者甚至于任意的浪费，结果一定是破产。我们在欧洲时常说笑话，说按一般的所谓道德标准衡量起来，美国的中国学生简直是圣人，很难得有例外，英国的留学生至少可算是贤人，只有大陆上的学生，尤其以在拉丁国的譬如法国与比国，最近柏林的，才算是平常人，他们的生活态度才可算是自然的——也许太自然了——比较的，非压迫的，非"惨无人道"的。这话说得已够明白，就是说美国的学生品行最好，欧洲的学生远不如的，但这也不是因为到美国的学生天生是好些的。说也很奇怪，维持在美国的学生的品行的原因，不是别的，就是近年来人人恨极的人种差别，美国人一见了黄脸，就发生一种偏见，即使不至于厌恶。所以我们上街就有顽童与无赖骂狗骂鼠骂豕骂虫，掷沙泥掷石子；我们进剃头铺没有人理发，回头你责问时，他们就说我们的刀是不刮黄脸的；你有时进旅馆要住房，账房先生就陪着笑脸对你说，我们这里不招待东方客人的——也许连卖淫的犹太人也看不上我们黄脸的干瘪的腰包，或是渺小的躯体。我们受尽了种种的乌烟瘴气，结果至少保全了我们的健康。你看美国回来的学生大都总是挺胸凸肚，雄纠纠气昂昂，满口富国强兵，“爱飞兴衰”(Efficiency)、文化(Culture)固然没有他们的分，但健全却满是他们的分，味道固然不见得如何的高调，但至少总是斯宾塞所谓强健的动物(Strong Animal)。当然例外也很不少，纽约种族的偏见度最低，中国学生的坠落度也就最高。前年你们听得连杀三命的事，那也是美国学生干的，但我们应得说那是纽约学生干的。

英国的学生最少，不是我说偏心话，照我知道实在一个个都是刻苦的好学生——我只要随便提几个名字，例如傅孟真、徐彦之、刘光一、金岳霖、陈通伯等等。英国的种族界限没有美国那样凶，所以如其我们一定要让学生本身品格上流以外物质的理由，我只能想起那位“穷老先生”。我所知道的英国学生，也许碰巧，都是穷的，穷得连每顿饭都是铁打的问题。你们不信去问陈通伯去。所以我们至少是贤人。

大陆上的风光却是大大的不同了！拉丁民族原来是出名的——说得好听些——风流！——说得老实些些，便是根性生成的荡族。他们的国民性，陈博生曾经说笑话，可以用两个 W 字代表，一是 Woman，一个是 Wine，只是醇酒、妇人。所以他们望出来，英美人不是假道学，便是傻瓜，不懂得生命的味儿(Joie de la vie)。巴黎的“玻璃房子”是狠堂皇的一个名胜,最表现拉丁民族的创作天才与淫荡天才。我们到那里去的学生,不论穷的富的,多少服从一句颠扑不破的格言:“Do ab the Romans do。”所以他们望出来,英美的留学生,不是惨无人道的“压迫主义者”,便是不解人道的傻瓜。

但我们未看看“懂得生命的味儿”,甚至于“尝有生命的味儿”的代价是什么,结果是什么。

结果是犯了生命经济最重要的一个原则——逾分的征税与浪费。在法、比认识一两位女友是不算会事的——大多数的Person里,只是Joie de la vie! 甚至同时占领一数以上的都有。我现在并不来说道德话,我并且狠羡慕拉丁人之所谓Joie de la vie,狠感觉的拉丁民族生活之严酷与不自然,但我却不能不要求你们注意生命经济的原则。

在一九二〇年,那时留法学生多不过数百,但那年马赛运回中国的灵柩或棺材一共有八具——八具长方形的木匣里装了几年前年轻力壮抱负不凡出洋留学的青年英俊!那不是骇人听闻的事实吗?我们固然手边没有现成的医生报告,但我们却很疑心所谓Joie de la vie的主义,多少负点子责任,我想起了真不禁心痛与股慄,愈感念到万事之不可勉强。我说拉丁民族之放荡,是他们的天才,天才的定义,就是独具的能耐,不是旁人所能模仿取得的。每次我国的学生我们总听说是某人因为太用功所以得病致死。我敢大胆的说单是用功是死不了人的,单是念书写字,即使过分,也毁不了人的生命的。最致命的只是滥用中国人所谓本原，外国人所谓活力——只是违反了经济的原则。一切的陷阱都有底，只有那一个陷阱是最不可测的！

我想如其有人选同数的欧美留学生来检验一次，且立一个健康对照表，也许竟有骇人的区别，这虽则是一个设想，但我年来历经美欧所得的观察与直觉都觉得这设想决不是没有根基的。

所以社会应得注意，学生的父母应得注意，学生自己尤其应得注意！

过分的自然，与过分的不自然或压迫状态，是同样的不自然，也许前者比较后者的害更深些。

说在柏林几乎比巴黎更糟，说一句土话，真是不了，随便那一晚你到出名的跳舞咖啡馆里去看看，黄面的主客往往是中坚人物。我自己亲听得满馆的人都学了中国最秽亵的话，对着黄人大声叫喊取乐，我记得有一位派出去调查教育的某校校长宣言："如其到德国不嫖那真是愚不可及了！"现在柏林的中国学生——最可怕的是好多只是未成年的青年——一天多似一天，大家贪图马克便宜，一齐把子弟送出去求学，但是小心，巴黎的 Joie de la vie，现在变了柏林，战前是很整齐的、最盛行的风尚……

Let no eat and drink and indulge for Roman，we do not know where will the mark be！我这一番话，也许过于危悚一点，但是危言总是有用的，这不但是我个人的感想，我敢说我相识的欧洲回来的人，没有一个不多少感觉到这生命经济的大问题。

我借了阎君一士之死，发泄了这一场话，最后不得不重言申明我所说的只是泛论，并不与任何个人相关。

团城的玉佛[①]

团城的玉佛，前一时各报遍登失踪的，事实上并不曾离开他的宝座。他仍旧好好的坐在团城的大殿里，他并不曾遭难，虽则他被封锢在禁地；他永远在微笑，永远在趺坐，永远在冥想人生之纷懕，永远在神龛的严幔中浪费他不朽的青年。

新闻纸上的新闻的定义，可说是最不准确、最不可靠的，印成字句的消息，犹之新闻家的艺术与说谎□的艺术可说是异名同义的。我们不妨来按按这次玉佛被盗的新闻，看上面假定的定义适用不。

第一次有人对我说：某报上登载玉佛失踪的消息你知否？我说“见鬼”。

第二次他又来对我说登此事不止一报，许有缘由，我说我不信。

第三次我自己亲见晚报的记事，说是团城的国宝竟是不翼而飞，接着有一位或几位国会议员署名的一篇文章，痛哭流涕的，指天誓日的，伤心这次的国丧，责问当局者之缄默——我还

---

① 署名“摩”，刊于1923年8月13日《晨报·闲人闲话》。

是不信，只说是报馆造谣，议员无聊，还是不信。

最后北京比较最有头脑的《晨报》也发表这异常的变故，我到有些惶惑起来（你们看我特别的看得起《晨报》!），我想难道那位佛爷竟是遭罹了巴黎画院里的《Mona Lisa》（Leonardo da vinci 达文塞的杰作）同样的灾厄，但我还是不信。

那天下午我和三位朋友谈起。她爱护艺术的热心，比我还深得多。她也为《晨报》登了才着急，她早已派人去看过——玉佛依旧平安地端坐在团城的殿座里！（据说玉佛被窃也是确的，不过被窃的是清冢的一尊小玉佛，并无关雍和宫或团城有名的玉佛）这是讹传的原因。

我一回家就打电话通知《晨报》的主笔先生，请他更正这次传遍通国的谣言，他虽答应了，但过了好几个星期，更正还不曾露面。昨天我们在北海，主笔先生居然大破悭囊，化两毛钱买了一张玉佛的相片，要求我替他实行更正，所以我又有了题目来说一番"闲人闲话"。

妙的是团城就在北京的城里，住有负责任的机关，里面决不会没有电话，何以北京小小大大的报馆，得到了这样重大的传闻，连电话也不打一个，就大登特登各家的"国宝失踪"的新闻，那位痛哭流涕的国会议员，宁可费工夫来做声调铿锵的联体文，不肯叫听差去试一个电话，也许这是我们的国民性，是我们的天才！

至少一点是证明的了：随他人人说国宝，随他人人说美国的国富那买不到的珍品，实际上极少数人——当然除外小大报馆的记者与国会议员们——切实地认识这玉佛的真价值，无怪他们把玉佛失踪的新闻，只当作为比黎菩萨偷跑相差不多的事实！果然团城的玉佛能有人偷跑，隔了几个月还是踪迹杳然，那位贼先生的神通，也就不让于西方接引道人自身的法力了。你们试想想，玉佛不比得一幅画、一卷书可以挟了就跑的，也不比大总统的印信，可以随便给姨太太的，那尊玉佛是实质的玉造成的，当初运来时用人夫至数百之多，而且每天只能走一二十里路。你们想这样的庞然大物，定是容易可以偷走的！除非北京全城的巡警与居民都是通谋。我所以始终不信。

但是谣言也有用处，谣言是最有力的广告，以前团城的玉佛只有少数人知道的，自这次讹传以后，什么人都知道我们穷极的国家，还主有这样一尊无价的奇宝。“失马焉知非福”，同样的理由。我并且还有积极的主张，也是因此激起的。

我现在约略讲一讲我与玉佛的交情。上次端五节北海与团城开放了一星期。有一天我与通伯进北海去逛了半天，却绝不想去看玉佛，一则不舍得四毛钱的门票，二则我请教过的玉佛也不算少，却都只是装饰品而不是艺术品。我见过印度的好几尊，我见过杭州西湖上的，我见过普陀的好几尊——但都是无所谓的；玉质虽有好的，但雕术却是一致的糟，都把上好的质料刻成呆板、俗丽的花花公子，生气都没有，不必说佛意。我所以竟不曾把团城的玉佛放在心上，以为无非是同类的东西。后来出北海时，碰见一位友人，他手里拿有玉佛的相片，极力的揄扬，说玉质太好了不可不看。那时也没有事，所以与通伯买票进团城，也并没有多大的盼望。

登了团城，看过汉玉大瓮，进正殿，暗尘尘的，站在神座前，看见了端坐的玉佛，最初只讶其身量之高，趺坐着还不止五尺，玉色的净与匀与明，果然比一般的玉佛大大的不同。回头有人把神龛里的电灯开上了，我才知道当前正是也许全世界最伟大的艺术之一，由不得像雪莱(Shelley)悟到了 Intellectual Beauty 一样——“I shrieked, and clasped my hands in ecstasy!”

我和通伯简直是乐疯了，像泥塑一般的站在这“神灵的启示”面前惊异不置。我们才知道我们差一点错过了这样希世的大宝，错过了最难得的审美的神感。

这才是最高最粹的真艺术作品。可惜我此时没有工夫，不能把我那时所得深沉而且热烈的情绪，像斐德(Pater)论《Mona Lisa》一般的，化成金声玉质的字句。我现在极粗简的促起爱在艺术的人的兴会，赶快想法去赏鉴也许我们文化里最可宝贵的一件作品——作者又是个无名的英雄！你们见过欧洲著名的美术杰作的，例如：Da Vinci 的《Mona lisa》、Mcheilangel 的《Moses》，或是希腊的造像；或是拉飞尔的圣母(尤其是 Dusden 的《Madonna》)，曾经从这些艺术品感到过人生最难得的美感的；或是曾经见过理想的美男子与美妇人的——不可不赶速去看我们无名作者真不朽的灵迹，看了之后再下评判这尊玉佛是否当得起世界最高艺术品的品评。至于我个人的经验，我实在觉太实当了，实在不愿意匆促的用粗呆的字句随便的描写；我的主义是把最深刻的情绪，涵养在最纯粹的想像液中，一种自然的化学作用，到时候结成晶体，才可免粗陋、勉强、不成熟的痕迹。

所以我们大家应得欣幸我们主有这样一件奇宝，经了几次大变，还不曾被洋强盗或家贼抢跑偷毁。我们若然再不及时设立国立博物院，把现有倖成的精品，荟集在一起，恐怕清宫的大火若然再烧一两次，我们有眼的艺术的家私竟可以荡然无存。听说热河的有人偷换不用说，甚至于现在三殿陈列的古物，也还不时有人在打主意，或竟实行窃盗——我们主人公若再躲懒不问，以后一定追悔不及的了。

所以我为替《晨报》更正一个普通的“新闻”，乘便提出了两件事：

一是劝爱艺术的个人赶快去赏鉴团城的玉佛，趁他不曾偷跑以前。

二是鼓起国民关于艺术家私的注意，应得赶快设法，保存仅存的几枚硕果。

徐志摩八月十一日

快雪同志会记[①]

我们这几个人的快雪同志会也有一点小小的掌故。约莫一个月前有一次大雪，那天早上我在叔华那里，室内红白梅花香的醉人，窗外霁雪照个铄亮。我就出了一个小主意，要了一只玉盌，摘了几朵半绽的梅萼，同叔华到园里去，选丁香树下最白净的雪满盛了一盌，盖上封好扎起，阁在淑华的书架底下，过了两天打开来看时只剩了小些的梅渍，那冽极的香味就不用提了！我们得意极了，就泡上顶好的日本茶，加上几滴梅渍，阿那味儿！西王母那里的琼浆我想也不过如此！那回有福气尝到的有通伯、歆海、彭春，我想他们一辈子也忘不了那异味。随后叔华就发起这快雪同志会，意思是下次要逢着晴爽的雪天，我们署名的同志就有天大的事情也得丢开了一同出城上西山玩去。我们都赞成；后来又加入了巽甫与小曼。恰巧这一月来竟没有雪，天时也渐渐转暖，我们几于绝望了，要不是今天这场天赐的大雪。今天早上叔华来电话，怕我忘了，其实我并不曾忘，只是起身迟了些，所以不曾赶早发动。今天我们五个人的游兴很好，欣欣然出去，欣欣然回来，再要像这样的赏雪盛会不知又

---

① 据原稿藏中国社科学院近代史所胡适档案所藏徐志摩手稿。

得等多少时候了。我们在玉泉吃饭(该说"打尖"),饭后去香山,到双清小坐,又去"看云起"望雪,可惜时候晚了,否则竟许可以径登"鬼见愁"高峰,那才痛快哩。一路有几件小事也应得乘便记出。在玉泉吃饭时忽见二十五师的兵,一队队的从西边开过来进京去,至少有二千光景;在雪地里看红旗带路的军队长蛇似的静悄悄的蜒着,先是一种不平常的景致。我们当时就发生了种种的猜想,疑是城里有什么变故。小曼真的吓了,因为我们说的太生动了,她认真怕那群灰魆魆的两脚兽来抢她!叔华带去一罐广东油榨(花生、芋艿、茨菇、豆板、杏仁等等),也发生了不少的兴趣,大家尝出了滋味,你抢我夺的不成个体统。还有到看云起时叔华与小曼闪了不少的交[跤],老丁把他整个的脸子没下雪里去,想印一个面模,爬起来时那满面斑驳的样儿真可笑;其实他印下的只是他那个高明的鼻子!在双清见□□□与□□□[1]的妹子,可是糟蹋了我们一撮可贵的铁观音,真伤心!(张歆海记大过一次;他不曾去,为的是舍不得一个"约会"!活该他又蹚了一鼻子的灰!)

(一九二五)一月二十八日乙丑正月初六志摩记[2]

---

① 原稿名处被涂抹。

② 原稿下有划去的落款"一九三一除夕钞成"。

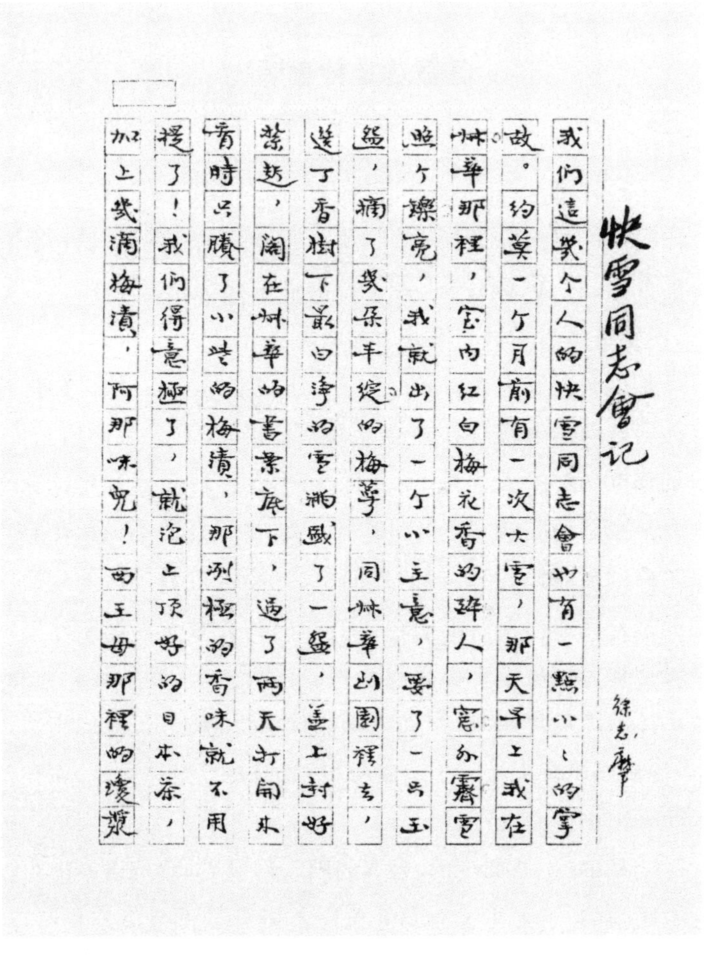
快雪同志會记

徐志摩

我們這幾个人的快雪同志會也有一點小小的掌故。約莫一个月前有一次大雪，那天早上我在林華那裡，室內紅白梅花香的醉人，窗外霽雪照个鑠亮，我就出了一个小主意，要了一只玉盌，摘了幾朵半綻的梅萼，同林華到園裡去，選了香樹下最白淨的雪滿盛了一盌，蓋上封好紮起，閣在林華的書桌底下，過了兩天打開來看時只賸了小半的梅漬，那冽極的香味就不用提了！我們得意極了，就泡上頂好的日本茶，加上幾滴梅漬，阿那味兒！西王母那裡的瓊漿

苏俄这是什么话![1]

外交的当局究竟管的什么事！是懒是怕还是病，这样阳痿性的办事，自从《晨报》八月十日揭载苏俄无故逮捕华人事以后，不曾听得当局对苏俄有怎样坚决的抗议。

新闻界也真有趣，居然还有否认被捕是事实的！呀呸，李兰洲给政府的电报现在外交部，你们为什么不要求政府公布？我到莫斯科那一天桂丹华、金石声、喻森一群无辜的中国人早已在最黑暗的苏俄大牢里陷着；他们到如今还在黑暗的牢狱里受不白的冤曲，吃泥土似的黑面包，喝冷水过日子。他们究竟犯的是什么罪？我们不能叫我们的国民去做人家黑暗淫威的牺牲！桂丹华与喻森都是我认识的，都是最驯良的好学生，两位身体都不见得坚实，这来瘦死在狱中也说不定，他们出去求学，他们岂没有家人父子亲戚朋友，他们要真是屈死了，叫他们的冤魂向谁讨命去？

当局的、主持舆论的、自尊的国人们听着，我们再不能忍受这么阴险的“亲善主义”，私人交朋友得有最低限度的信义，国

---

① 署名“徐志摩”，刊于1925年8月24日《晨报·时论》。

际交朋友也得有最低限度的信义，像这样狐性狼性的交情，我们粉嫩的中国人那经得他们的咬嚼！

我们现在已经派了大使，以后中俄间的交情一定一天浓似一天，彼此的了解一定一天深似一天，好得很，我们不耐烦的等着！

同时我这回过俄国时，我碰到的几位共产党员说话一点也不含糊，他们很高兴因为中国愿意与苏俄要好，他们很得意因为国民党差不多全变了共产党；他们很快活因为（听着！）外蒙已经是他们的了，因为广东已经是他们的了！

他们得意的日子多着哩，他们提起了中国就都笑迷迷的喜不自禁，像是一只老虎想起了他在山谷里发现的一只肥羊！

加拉罕先生我是最佩服他的，他对本国政府的忠与勇是外交家的一个榜样、一个灵感。但他对我们中国究竟有没有感情，究竟有没有人与人的人情，我不敢下断语。现在他快回国了，他许有掌大柄的机会，我们等着看他究竟是不是我们的朋友。我们要郑重的请他与他的国人注意中国并不是完全没有人的，中国人并不是完全可以威吓可以钱买的，现在我们渐渐觉悟到什么是国民人格的尊严，我们从今起要谢绝一切过分好意的帮忙了！

那是比较的远话，单就目前论我们正式要求苏俄立即释放在俄被捕的华人，并且说明他们下狱的原因，我们认为无根据时得要求对个人的赔偿与对中国的道歉；并且在我们派出大使以前，我们得要苏俄政府严正的认诺担保以后再不会有这样不幸的事实发现，使我们期望苏俄的失望厌恶，使嫉忌苏俄的窃笑得意。

梁任公病中谈惨案[①]

梁任公先生因病漏血十日前在协和医院受手术。今尚留院调养，体气甚好，约两星期内即可出院。我今天去探望，在病榻前谈及此次惨变，言下至为愤慨。今为记其梗概如次：

我是本月十六日受手术的，这割症不算危险，但也不算轻，割口至八寸之宽，麻醉至四日之久，直到十九日的下午才渐渐苏醒过来。谁想到空前的大惨案就在我这麻醉期内发作？那天我神志还在半迷糊状态，隐约听着院中人说起这大血案的惨象。实际上我间壁的屋子里，就躺着一个半死的青年，胸隔间中着子弹，到如今还没法起[取]出。你可以想像我那时在昏瞀中听那极不可思议的惨闻，我真觉得痛心极了，感想也是十分的复杂，人又在病床上困着，满心的愤慨无从发泄。今天既然讲起这件事，你不妨记下

① 原署“徐志摩寄自北京”，刊于 1926 年 3 月 31 日《晨报》，另载是年《兴华杂志》第 23 卷第 14 期。

些去发表，虽则不免拉杂，也总算我私人的一点意思。

我在病房中也不看报，但凭清华同学们及来探病人的报告得悉一些情形，愈听我的愤慨愈增，我真不欲言，试想去年五卅的血案还是眼睁睁的放着，那时我们全国人民怎样一致的呼吁、反抗，我们也取得国际间一部分真挚的同情，谁知紧接着英国人的残杀行为，我们自家的政府演出这样更荒唐的惨剧，还正当各国调查法权的时候，我们这国家此后还有什么威信可讲，什么脸面见人，按我所听着的看来这次惨案显然是卫队得在上的指使惨杀无辜的青年，这当然是我们全体国民对人道对良心负有责任，应分赶速督成严密的法律的制裁。上自居最高位的头儿，下至杀人的屠夫，一概不予幸免，才可以一来稍慰冤死的青年，二来防范此后类似的兽行。

政府这次的荒谬，简直是不可思议，分明是手无寸铁的青年学子，他在命令上却一概诿为格杀勿论的暴徒，分明群众是为外交事件请愿，他却概称共产党的扰乱，况且即使群众中有少数暴徒羼入(事实上据说并没有)，为临时制止计，也不应出此极端的狠毒手段。再退一步讲，即使政府认某部分的阴谋扰乱是实有情形，那就该事前设法防范，不能防止已是失责，何况那天请愿事纯粹是对外的国民行动，不含任何党派性质，决不能借题发挥，诿为某党某派的阴谋扰乱。至于事后又不先事自己告罪与严办凶手，反来通电发令，希图朦混嫁罪，可见这次屠杀，直是政府直接授意,更无疑义。听说起诉事项已在进行中,我希望全体国民奋起责任心与正谊心,要求一个不含糊的结束,否则我们不但在国际间再不能觍颜文明国的地位,这竟是我们民族性灵上不可洗刷的一个奇秽的耻辱,这是对政府的话。再次,为惨遭毒害的青年们着想,我们痛定思痛,对于一般自居指导青年的领袖们,我们当然也不能完全宽恕,我听当天参加请愿的同学们讲,那天主席报告,卫队已经解除武装那件事也确是惨祸的一个关键。这不是几方逼成一个境地,叫一班无辜的青年自投坑穽,领袖们领袖到底,同死同生,也还是一个说法,何况临到实际犯难时,领袖们早已不见踪迹。又听说那位主席先生的报告是根据李鸣钟的一封信,假定那信是真的,那就是发信人造谎陷害的责任。若不是真的,那主席责任就不可逃。青年们一腔热血,当然是容易鼓动的,那天天幸我自己的儿子因为在这里伺候着我,不曾去加入,否则一去也就难说有身命的危险。谁没有子女,谁家父母甘愿叫子女们白送命,我们只能期望这是末一次的教训。——下回再不致有同类的冤业发见,我们并不反对民众运动,但也得有相当范围,例如推倒政府的事情,如何可以放在年轻的学生们身上,至少我们不能想像这样的奇迹,目标是要认清楚的,领袖也得认清楚的。单凭一团血气做事,虽则可敬,终究不是我们所期望于纯洁的青年们的。

上面是梁先生意思的大概，我此时匆匆拉杂记出，许有不尽确切的地方。我们希望梁先生早日病痊，等看他自己文章罢。

三月三十晚志摩记

妇女在历史上所处的地位[①]

从世界历史上观察起来，各国的妇女，在过去的历程以内，对于任何方面，都是处于极不利的地位。她们以前所以不能成功的理由，据许多哲学家精密考究的结果，认为她们天赋的能力，多半不及男子，优胜劣败，天演的公例，虽然是一种原因，但是她们以前因为受种种桎梏的束缚，原有的本能，没有发展的机会。

本能是用则发达，不用则消失的，这种非自然的压迫，也可以使他们感受莫大的影响。前者是属于先天的，果真如此，也便难于设法补救，但是这种论调，有许多学者从公平真确的眼光看来，已经认为是一种偏见。后者是属于后天的，有革新的可能。现代的潮流，对于妇女问题，渐渐成为研究的重心，这是很可注意的一种现象。

妇女在家庭方面所处的地位，是很卑下的，往日家庭制度的组织，含有一种分工的意味，一个家庭里面，男女两性，显然有各别的职务。如战争、田职、生计等等总为高贵的工作，多由

---

① 署名“幼申”，刊于 1927 年 5 月 22 日、29 日《晨报・家庭》。

男子担任。其他如家事、乳育、耕织、烹饪等等认为平凡的工作,多由女子担任。男性在家庭中,多为生利的主体,女性多为消费的主体,并且因为女子天赋的能力、所受的教育,都比男子较为低劣,于是就渐渐发生了重男轻女的观念。古时的民族,每逢他们战争得胜的时候,假使俘虏得有女子,便作为自己的妻室,同奴隶一般的看待。他们将女子当作一种私产,可以互相馈赠,可以自由买卖,这种风气,现在还有许多未开化的民族,仍然遗留未改。在家长的家族制度(Patriarehal family)里面,服从是妇女必不可缺的美德,已成年的未婚女子,在家中无自由权的允许,就是对于她的弟兄,也全无指辩的勇气。家庭中的父母,对于男孩,都知道很专心的指导,渴望他们得着最高的学识,将来有伟大成就的希望;对于女孩,在最近的三四十年内就是在很文明的家庭里面,多半也还含有一种蔑视、压制和不平等待遇的制度。她们青年时代的志愿与努力,差不多可以说是没有一种可以使她们与失败奋斗的激励品,对于她们将来的前途,简直没有人加以相当的注意。

妇女在政治方面,除去极少数的几个例外以外,在过去的时代里面,是完全无闻无臭的。政治的权威,是根据武力得来的,以前罗马、希腊,以及条顿民族(Teatoue)的一部分,他们最先的选举团(eletorata)组织的成功,完全是武装自由民(Freeman in arms)的力量,妇女既然没有当兵的义务,所以那时候也就没有人想到妇女□□有参政的权利。中古时代,虽然有少数的国家,女子也可以因为宗系关系有占据王座的可能,但是那个时期，女子通常与男子同享政治上权利的观念是完全没有发生。法国革命的时代，有极少数的人曾经提倡过国民普选(Universal suffrage)的哲学理论，但是一直到十九世纪的下半期，妇女选举(Woman suffrage)的问题，还没有得到圆满的解决。战争终了以后，人们觉得战事的成功，妇女也有相当的劳绩，男女两性，今后在政治上，有合作的必要，于是才有许多的国家，对于妇女与政治的关系，加以注意的考究。在新锡兰(New Zealand)、德意志，及澳大利亚的妇女，现在已经完全得着选举权的允许；合众国自从一九二〇的第十九次宪法修改(The Nineteenth Ameadment)以后，妇女也完全有投票选举的权利；英国在一九一八年，已经允许妇女投票，不过对于妇女财产及年龄的种种资格，有更严厉的限制罢了。我们就第三者的眼光看起来，妇女适当带有政治色彩的理由，并不是因为宪法的修改，或是政治上的工作，需要女子的辅助，实在是因为现在的妇女，需要政治生活调剂的原故。妇女缺乏社会的眼光，对于各种利害关系的判断力很薄弱，过于趋重理论，过于偏向泛想，过于驯良，过于服从，没有男子反动的勇气，这都是她们的缺点；假使有政治上工作的训练，对于妇女的将来，必定有良好的效果，可以使她们更有德谟克拉西(democracy)的精神，减少她们媚上骄下的恶习，使男女两性的关系，发生重大的影响，造成完全以平等为根基的婚姻，使她们对于公家的合作事业与对于私人利害关系一样的重视。

妇女在政治界上的活动，是与社会特别需要她们服务的时候同时发现的，现在人们对于社会的改造，已经觉得需要有高尚智力与精神的女子的帮助，如同需要男子一样，欧战开始的时期，妇女在政治上的工作，就有相当进展的表现，欧战终了，衰微的世界，亟待妇女的合作而整理。现在她们已经渐渐的知道有国家的思想，组识与工作了，这种可贵的元气与热诚，必须妥为保存，不可任其消失。在国家无事的时期，最显著的实际表现，就是使她们受政治上的训练。

妇女必须放弃一切家庭的职务，去完成完美的公民资格(Citizenship)，是不可能的，妇女现在政治上，尚属于受训练的地位，还没有到与男子相等能力的程度。她们的爱国心，智慧力，以及缜密的思想与经验，均感缺乏，她们对于政治生活的成功，至少还须相当的时日，她们现在亟待健全教育的训练，对于与国家及国际的改造工作有连带关系的课程，像历史学，政治学，以及公民应有的常识，都应当极力的研究，她们每天至少须阅读两种报纸——现在很多的妇女，不注意阅报，是不对的——还有许多完善的书籍，都可以使妇女读者对于她们的政府，有一种远大的，正确的眼光，以作将来在政治上发展的准备。

在政治方面，妇女现在还应当受相当的训练，健全的教育，是合于论理的观察，妇女的脑力，先天有缺点，没有造成政治上超等地位可能的论调，是荒谬的。

妇女的缺点，是由于训练的不当，或是由于人类天赋的特质还荒废而没有施展的原故，妇女虽然多半有趋重唯心论(idealistie)，只知考研高深的理想，不愿实际的缺点，可是男子也常常被习俗、成例及呆滞的唯物论(Materialism)所紧紧束缚的，我们相信妇女对于政治的技能，经过相当的努力以后，有超胜男性的可能，她们将来的政治地位是很可乐观的。

妇女在学术方面所处的地位，还是很幼稚的。一九〇八年九月份出版的《北美评论杂志》(The North American Review)里面，曾经登载过布克勒夫人(Mrs. G. G. Buckler)一篇关于妇女问题，很可令人注意的讨论，她在论完了女数学家之后，有"由于以上妇女在科学上成功的种种举例，可以证明女性的发明能力，实较男子为差"的推论，关于文学方面，她有"妇女对于文学方面，抒情诗，赞美歌，以及家庭小说的创作，都随时可以发现她们大半不及男子"的断言，有许多的人，他们根据历史的事实，个人的经验，来作妇女智慧能力(Intellectual Power)，有限制的结论，他们以为妇女本质素劣，在文学，科学及技术最高深的门类以内，多半是居于无希望的地位。德国最近很有名的教学家克林教授(Proffessor Klein)说："教学的课题，是超过妇女的能力以上的工作。"一世纪以前，德国著名哲学家康德(Kant)曾经宣称地理的功课，对于女子不适宜。菲列郎(Henelon)说："处女的心境，对于文学，她同对于恶习一样，都有难以并容的事实。"十六世纪的中间，法国的贵族女子佛郎索(Francalse de Sanitange)，想在法国设立一个女学校，她曾经因此在街上受众人的嘲笑，视为神经病者。简单的说：在二十世纪以前的时期，人们对于女子的智慧能力，都有一种消极的见解，取一种怀疑的态度。

关于以上妇女种种智力问题的结论,多半是随意采取历史上片段的事实来作根据,完全是一种偏见的自信、虚渺的臆断,是不可作为定论的。关于妇女将来在智识界进展的限度,只有待将来来判定,以往的经验很浅薄,尚不能作为预决的资料。我们且看苏格兰文学的历史,当1750年的时期,所有英国男子的著作品,可以说是完全没有影响到世界思想的可能,如同现在批评妇女著作的程度一样,但是在十八世纪的后半期,苏格兰有很著名的政治经济学家亚丹·斯密氏(Adam Smith),很著名的哲学家胡姆(Hume)、诗学家泰斯(Darns)、散文家斯哥德(Walter Scott)出现了。再看德国文学的历史,在十二世纪与十三世纪的中间,就产生的武侠歌曲及小说,一直到十八世纪德国文艺复兴(Revival of Garman Literature)的时期,差不多有六百年之久,德国人对于文学方面,可以说是没有一点最有价值的贡献。希腊文艺发达的期间,尚维持一世纪之久,衰微的时代,有时竟在千年以上。由以上种种的情形看起来,我们根据历史上片段的事实,来断定妇女最高深智力工作成功的无望,是不十分确实的。有一部分的女子,也可以成就与最伟大的男子相等地位的可能,我们可以从以前少数妇女成功事实上的表现来断定。现在准确的经验,已经承认关于一切高深学问的部分,完成超等工作的能力,男女两性是没有很大的变体的;如今英国、美国,对于妇女的观察,已经改变了一种与前相反的眼光,德国在最近的二三十年以内,妇女的活动,已经远□重要的地位。

智力的光荣,必须得有时代的精神,以及国民生活境况有利的辅助,环境虽然不能造成人类天赋的才能,不能完全发展人类的工作,但是我们由于常识的指示、历史上充分的考据,可以断定天资也是受环境有益的辅助,或是不幸的抑制的。天性□悟的男子,他们少年时代的痴想与奢望,成群的包围着伟大的成功与光荣的声誉,因为他们所闻所见的一切,都足以造成他们一种外高务德的怀抱,他们的努力,多半是受激刺的影响,四周的环境,种族遗传的习俗,伴侣的竞争,女性对于伟大事业成功的男子的崇拜,亲友高远的期望,以及其他无数侣催促,能激励他们猛进的兴奋剂,都是使他们将来成功的动机。关于妇女方面,她们四周的空气,仅能阻滞她们的呼吸,不能益补她们的脑筋,在很幼孩童时代的女子,也知道期望将来的一切旁的事物,都如同她们的理想一样,有极伟大的工作能力,有丰富的生机,有活泼的精神,但是因为她们缺少激励与失败奋斗的工具,不能利用智慧的工作,去联合胜利的锦标,一直到完全成功的时候为止,所以她们的结果,到底还是少有圆满的希望。

妇女运动与家庭[①]

男子是社会的动物，妇女是家庭的动物，因为本能和习惯的原故，妇女对于家庭，有比男子更密切的关系，妇女运动的结果，足以影响于家庭的组织，如同男子的工作，足以影响于社会的组织一样。

近来个人主义(Individualism)发达，人们都想极力摆脱老式的生活方法，各自去争适于自己的生活。这种思想，由男子方面渐渐传到女子方面，就成为现在妇女运动的原理，结果遂使家庭的黏力，渐渐失散，男女变成分离的分子，不复如从前的家庭，是一个团结的化合物了。这种现象，虽然不免为许多保守派所叹息，但是妇女生活的扩张，从历史上看来，是随着文明的潮流而起，发生的时节，是没有阻遏的可能的。我们现在且将近代的妇女运动，分段的概论，写在下面：

妇女运动发生的途径

近代的妇女运动或女权主义，是在十八世纪的后半期才萌

① 署名“幼申”，刊于1927年7月10日、17日《晨报·家庭》。

芽的,一七八九年法兰西大革命(French Revolution)发生。当时思潮的特征,是自由平等和天赋人权。这种思潮的扩张,不能不说是受了法国哲学家卢梭(Jean Jacques Roussean, 1712—1778)著的《民约论》(Social Contract)的影响。卢梭并非女权主义者,他对于男女的问题,还是抱着旧套的观念,可是他的自由思想,却间接的引起妇女运动的发生,这是毫无疑义的。法国大革命的第二年,戈奇司(Olympe de Gouges)极力主张男女平权,法律对于男女同样适用,女子有与男子同等的公民资格(Citizenship)。当时这种新妇女运动,除了哲学家康德色(Marquis de Condorcet, 1743—1794)给与声援以外,一般的社会只有嘲笑和反感罢了。这种运动,在法国虽然没有得着良好的结果,可是这种新的思潮,却跨过大海影响到英国,确立了欧洲大陆妇女运动的基础。英国的玛利女士(Mary Wollstonecraft, 1759—1797),在一七九一年出版的《女权辩护论》(Vindication of the Rights of Woman)一书里面,极力的反对男尊女卑说,在婚姻、教育、职业种种方面,都主张男女的均等,高唱妇女的经济独立,更推而至于鼓吹妇女参政权,主张在议会里面,妇女也应有议员的位置。她这种种的言论,在当时法律规定、教会信条,强迫着妇女绝对服从,妇女本身也甘愿作因袭的奴隶,全无反抗勇气的时代,颇使社会受非常的激刺。总结的说:妇女运动在十九世纪以前,还未能获得相当的效果,但是许多的妇女主义者,都以为世界的新世纪,是妇女的世纪,二十世纪,便是新世纪的开端。今日的妇女运动,对于妇女将来的命运,必定有一种新纪录，她们的势力，在欧战以后，已是不可忽视的了。

妇女运动的目标

妇女主义(Feminism)的要求，是在提高妇女的道德与才能，除去一切阻止妇女潜化的束缚，使妇女与男子，立于对等的地位，妇女运动唯一的目标，便是因是而发生。嫌恶、轻蔑女性的观念，在希腊、罗马、犹太、印度以及其他一切的古代文学中充满着。从十五世纪到十九世纪，欧洲的文学之中，也有许多诽骂妇女的文字，就是欧美近代的各国家，虽然奴视妇女的观念，不比东洋的国家那么露骨；可是在二十世纪以前，对于妇女的待遇，在法律上随时可发现两性间的偏私，妇女差不多视为男子私有财产的一部分，完全失却人类自由平等的特权。欧战以后，人们渐渐觉悟，以为妇女有优长的天才，被风俗习惯困在家庭里面，完全不能出来为社会工作，使世界上成为偏方面的男性文明，致社会上少丰富的情感，历史上多残酷的记录，甚与现代世界潮流的趋势不合。为恢复女子底人权，挽救人类的厄运起见，女子俱应当起来努力，不论世界上现在的妇女运动，派别如何的不同，这种目标总是一致的。

世界妇女运动的两大系

世界的妇女运动，可以分为两大系：一是英美系(Aoglo American Group)，英国著名的女杰班克斯特夫人(Mrs Pankhurst)便是这一系女子运动的领袖，她们的口号是“妇女投票权”(Votes for Women)。一是条顿斯堪的那维亚系(Tentan-Scandinnvian Group),德国的著名女杰罗斯·不列(Ruth Bre)便是这一系女子运动的领袖。她们的口号是“母权的保护”(Mutterschutz)。前者的观念,以为男女两性在心理上相差无几,男子的事业,妇女也可以去工作,男子的权利,妇女也应当去享受。她们的运动,重在政治问题,想从政治改革入手,所切要的是新政治、新权利。后者的观念,以为男女的性质不同,天才互异。要勉强使女子的事业与男子一样,是一种违反女子天性的运动,认定女子应当专门教育子女,不宜去经营能力以外的事业。她们说,为适宜女子的天才起见,为使人类种族改良文明进化起见,女子应当充分的发展她们温和慈爱的天性去作母亲,抛弃一切不适宜于女性的工作,将一切关于人类“生存”方面的职务,俱交与有此种特长的男子去担任。

她们的运动,重在妇女一身的权利安全问题,想从经济改革入手,所切要的是新道德、新义务。这两系的观念,根据于妇女观,表面上虽然似乎是相反的,但是她们的目的,都是在努力于妇女前途的光明,恢复妇女“人的资格”,在世界妇女运动史和妇女解放史上,有同等的价值,相成的功用。二者对于现在的婚姻制度和家庭组织,都取一种不信任的态度,主张极力改革。不过英美系的妇女运动,是想在社会方面图发展,对于家庭方面的职业,易于漠观,结果对于家庭的组织,难免有破坏之虞。条顿斯堪的那维亚系的妇女运动,是想为家庭谋幸福,对于家庭的组织,仅有改革的思想,没有推翻的观念,家庭与妇女运动,不至完全处于冲突的地位。

我国的妇女运动

我国的妇女,多是被社会紧紧的加上三种桎梏:第一,多数的妇女,也同多数的男子一样,为资本家所束缚;第二,妇女为仰望托以终身的男子所束缚;第三,妇女的道德与智力,受一般社会不良的习俗所束缚。在资本主义(Capitalism)之下,妇女经济的独立,比男子更成困难。在社会的束缚之下,妇女的思想、言语、行动,都嵌镶在规定的奴隶模型里面,必须绝对的服从一切的习惯、仪式和古训,身心两面俱完全不能得着自由。妇女的精神作用,既然全被窅塞,结果遂不得不驯伏于男子的牢笼之中,受男子的供养,毫无反抗的勇气。可是压迫过甚,是革命爆发的远因;现在世界的思想潮流,专制的手段,已经不复能再适用于今日。所以虽然我国的人民,富于保守性质,在人种进化史上,处处落在人后,而妇女的觉悟,和女权的运动,自从革命成功以后,已渐在萌芽了。民国以前,虽然也有少数参与革命工作的女子,不过那时纯粹因女性的觉悟,而从事女权运动的思想还没有发生。民国元年革命告成以后,男女平等的观念,妇女方面才有半意识的感觉,各地有许多团体的组织,同时多有女子参加。当时的妇女运动,是极单调的趋向代议制,要求女子从政的权利,表面上和英美系的运动很相同,还没有同时从经济上研究妇女在社会的地位,从道德上讨论两性待遇的平等,其后革命与无穷的力量逐渐与过去,妇女运动的牛气,又渐渐低减。直到“五四运动”以后，新思潮很迅速的发展，旧道德习惯受了极大的打击，稍有觉悟的女子，同时感到旧式生活的不安，而想加以改造。现在呼声最高的，如贞操问题、妇女经济独立问题，以及家庭改制、社交公开、儿童公育、结婚自由与离婚自由等等问题，都是普遍的向社会的、伦理的、经济的方面研究，可以说是又趋于条顿斯堪的那维亚系的妇女运动的潮流了。我国的大家庭制度，有五千余年的历史，是我国人民互相团结唯一的工具，一时自不易根本推翻，根本推翻也觉甚为可惜。现代我国的女权运动者，还须以改良的手段来维持其存在才好。

妇女运动的根本要素

世界上的万事万物，都是受金钱或智力的支配，智者利用愚者，富人役使贫民，久已成为天演的公例。妇女欲求脱离男子的势力范围，在社会上占着对等的地位，至少必须在经济上或智识上获得一种可以与男子相抗衡的势力。

伟尔庐（C. M. Walsh）在他著的《妇女主义》（Feminism）一书的里面，他说：“女权主义与社会主义（Socialism）二者的目的，可以互相比拟，同是想谋以前身受的束缚的解放，求人类极端的平等。前者是女子与男子的挑战，要求社会上、道德上撤废一切男女间性的差别；后者是劳动者与资本家的冲突，要求社会财产分配的均平。社会主义反对社会的自然组织，刺激阶级的意识，现出阶级的斗争；妇女主义反对人类身体的自然组织，刺激性的意识,引起性的斗争。”我们根据唯物史观(Materialism)的原理,知道世界上经济的发展,是必须由资本主义进到社会主义的。劳资阶级的冲突,因为资本家使劳动者做了机械的奴隶,劳动者必定要努力取得机械,自己来管理生产权,结果是从事劳动的掌理拿到生产权,掌理生产权的才能经济独立。妇女要想得到解放的幸福,也非如同劳动者一样,将生产的权柄,握在手中不可。否则妇女的经济不能独立,无论如何空倡高调,必定仍然要仰着男子的鼻息,不能脱离他们的势力之下。但是妇女因为家事的束缚,天赋体力的羸弱,在今日资本主义的世界之下,若是用劳力来图谋经济的发展,绝对难与男子竞争,并且还恐怕因此更要发生悲惨的结果。因为妇女若是一方面努力生计,一方面仍须照常整理家务和养育子女,一身同时负着金钱奴隶与家庭奴隶两重的负担,缺少充分的休养时间,身体与脑力,必定日渐衰弱,妇女前途的命运,以及家庭组织的现状,更难乐观。所以说:在妇女运动之中,惟教育为最大最要之事,可以补充妇女一切的缺点!

就过去的历史上的事实看来,各国以前对于女子的教育,完全是一种造成作男子奴隶的训练,并不是为女子本身谋正当的学识。卢梭是个革命的新思想家,但是他对于女子的教育,说:“妇女的任务,是帮助男子,慰藉男子,得男子的爱和欢心,使男子容易感受愉快。实施女子教育,须要使他们合于男子这种的要求,女子从小就应当受这等的训练。”又有许多人说:“女子的天性,劣于男子,所以要服从男子。”这话骤听似乎也有片面的理由，可是我们要是详细的研究起来，这种见解，完全是主观上的谬误。妇女并不是因为没有智识，才被男子压迫，乃是因为被男子压迫，妇女的智力，才渐渐退化而没有进展的希望。妇女对于科学、艺术等等创造的事实，贡献贫弱，并非她们本能上绝对的劣于男性，这种不幸的事实，完全是习惯和遗传的结果。假使有良好的教育、健全的训练，妇女的肉体、知识、道德的能力，也有渐与男子相等的可能；这是我们可以用历史上妇女特殊成功的事实，来作证明的。妇女的神经过敏、游情、虚弱种种的缺点，只要许可她们参与有一定目标的健全事业，更在她们少年的时代，使她们可以加入和男性一样的有益身心的游戏和运动，也必定不□于除去。

现在男女教育平等的声浪，已是遍及全球。二十世纪的妇女，在社会上已渐渐占有相当的位置，她们现在除去贤妻良母的训练以外，同时也必须学习世界的潮流、时代的趋势，以及国内政治经济的现状。妇女运动要想成功，没有社会的眼光，国家的思想，是没有希望的，她们要希冀得着圆满的结果，根本要求，非先受健全的教育不可。

结　论

妇女与家庭有很密切的关系，家庭的组织，若是缺乏妇女来维持，即刻就有破裂的危险。妇女专注她们的时间与精力去处理家庭的事务，已经有很久的习惯了，虽然现在的社会方面，很需要妇女的合作，但是妇女向外的运动，结果必定重组家庭的职务，影响于家庭的幸福，这是当现在妇女运动过渡的时代，我们所不可不缜密考虑之点。

小　言[①]

我们谁不想早一天庆贺北伐最后的成功？到了革命工作完全贯彻的那一天，他们谁不抵拚发一次狂，欢呼的声音震得破天，欢舞的脚步踹得破地？我们要狂喊，乱跳，为了一个制止不住的欢喜，互相拥抱，快活得直淌眼泪。我们要惊动天上的神道、山林的魅魈、坟墓里的幽灵，一起来参加我们这超轶一切的大祝典。但那一天，说也恼人，还是迟迟的不到。说警惕一点，反抗革命的种种恶势力依旧是毛刺刺的哪儿都是，在疆场上对垒的敌军还不是最可厌的一种，但同时前方军事的胜利当然是革命渐次贯彻最不可错误的一个标识。我们不能不感念前方的将士，因为他们的职责是为民众争自由，为民族争光荣，为人道争威严。我们幸生在这大江南北，在今天还能相当的安居乐业，如何能忘却前方的将士们，他们牺牲了腔子里火热的血，替我们买回安全与体面，一方挡住北方的豺狼，一方抵住长江上游蜒下来的毒蟒，享福是我们的，吃苦是他们的。但他们却不怨，因为他们认定了为主义而死是无上的荣誉。我们想想

① 署名“志摩”，刊于 1927 年 8 月《上海妇女慰劳会剧艺特刊》。

这大热天躲在凉爽的屋子里有电风扇、有冰水喝的福人们尚且嚷着难受,他们在前方作战过的又是什么日子?我们怎么能不尽点子心,凭我们力量够得到的,设法去慰劳这些为主义、为民众效死力的同志!当然我们不能亲自上战场去抚摩他们的创痍,但至少我们可以用间接的方法对他们表示我们这点子的诚意与心愿。尤其妇女们的慰劳是最切题,因为她们是母,是妻,是人生慰藉唯一的来源,历史上多少伟大的事迹是从女性的灵感得来的?

我们不敢说前方的兵士能因我们的慰劳得到多少看得见的利益(前方兵士的数目其实是太大了,即使我们能筹到十万的话,他们每人还匀不到半元钱),但我们自信这点子心却是可珍的,只要这点子心到,只要前方的兵士们能多少感到在他们保障下的民众,男子与妇女,为了爱敬与怜念的动机,也曾在这大暑天为他们可能的尽过一点子的心,使他们知道他们的劳苦与英勇永远有我们的同情与感戴,那我们的慰劳会就不是白来的了。我们只盼望这小小的慰劳会,是将来革命成功大祝典的先声,到那时等你们杀贼回来,前敌的将士们,我们再来热烈的欢迎你们,拥抱你们,亲你们,醉饱你们,娱乐你们!

关于此次为慰劳会效力的人,有几句应说的话,得借光这特刊的地位。发起人是应得表彰的,要不是她们的热心与指导这次大规模的慰劳会是不可能的。关于上次南洋大学游艺大会的始末,另有一册《慰劳特刊》付印,不须赘述。这册《剧艺》

是专为此次演剧发刊的。

此次演剧最劳苦功高的当然是我们的唐瑛女士。三晚新旧剧艺的表现,都有她的芳踪,说实话我们真是少不了她的芳踪!《少奶奶的扇子》在上海是曾经演过的,不错,但是谁见过唐瑛的"少奶奶",风流华贵,俊俏流丽,你不见不能想像,你见了不由你不倾倒。而况是唐女士美的还不仅是她的仪态!她的芳姿,她的慧心,她的妙舌,在交际社会上是早经公认的一个奇迹,但是有谁认识她同时又是表现剧艺的隽才?端的别是一番身手,别是一种滋味,素仰唐瑛大名的切莫错过这唯一的机会。

唐女士又在第二晚扮演《牡丹亭》的《拾画》《叫画》。这戏是小生最吃重的戏,轻易行家都不敢尝试的,但唐女士有的是耐心与勇气,居然能在匆促的期间内出脱这难唱的昆剧,像这样一位梨花身段的俏郎君怎叫杜丽娘能不魂离枕上?

亚于唐小姐最卖力气的要算陆小曼女士。但说到她我似乎应得避嫌疑,因为碰巧,或是碰不巧,她不是外人——她是我的内人嘎!好在她戏唱得怎样随后自有专家指教,不消我来饶舌。她这次演戏,说实话也真难为她,并不是说她别的,就看她那样的成天生病,本不该劳动的,医生不许,父母踌躇,就是我,看了她每回一练戏就头昏,一上装就要呕的光景,也未尝不有点儿疼惜她。可是她自告奋勇,说既经答应了拼命也得给人家做。她身体的不中用,说来你们都不易信,这天又正热,我真的不由得为她捏一把汗哩。下面另有她的一篇自述。

但是小曼虽则爱戏,她可是初次登台,现学现做的,保不定有很多生疏的地方，我们第二晚戏目上的真名家还得推徐老太太。她的昆曲，是早已名满江南，用不着誉扬，只是她这次出演实在是难能得很，因为她向来立定主意是大暑大寒决不出演的。这倒是半亏了小曼的蛮劲，把她老人家半求半逼的居然给拄上了。原来想排《五花洞》，也因为天热赶不及，可是她也顶热心的，在原定《游园》之外又添了一出《扫花》。“她的，”小曼在她的自述里说，“才是真艺术。”我只见过她的《思凡》，但就这一出戏已是使我钦佩到不可以言语形容。有谁怀疑昆曲的非得来看了徐老太太的表演再下评判。

此外的演员也都是杰出的人材，他们的加入都是我们的荣幸，但不幸篇幅所限恕我不能在此处单独给品评了。还有周梓章君的操弦是从陈彦衡学的，轻易也不能请到，这次承他惠然帮忙，我也得在此志谢的。

至于本刊的印行，黄梅生、周瘦鹃、江小鹣诸位先生都应得居首功的，所有的影片全是黄先生不惮奔波不惮烦的成绩。周先生做了文章，又担任校对。本刊能在四五日的短期内赶印出版，也得志谢周先生为我们特别向大东接头的。封面图案是江先生的，他的手笔是无须夸的。我自己是最懒不过的，要不是小曼在背后不容情的逼着我，这小小的一篇废话都是不易写成的。

七月二十九日

陆小曼《萤火虫》附注[①]

近来小曼一提笔就嚷头昏，要她写成一点东西实在不是易事。那天浩徐来，要我替中央附刊留心文稿，我随口说让小曼给译点小说吧。浩徐倒是不含糊，他一回去就接连着派人拿信来催稿。这回小曼可急了，要我给她想法，替她临时抱佛脚。她说长的她没有力气译，“贫相”的她又不愿意译。这倒是个难题目。我想了好久才想起 Richard Garnett 那本《The Twilight Of the Gods》。果然翻着了这篇《萤火虫》，正好！文章短，意味深，再好也是没有的了。嘉耐德是英国文学界里一个博学鸿儒，与 Leslie Stephen 和 Edmund Gosse 齐名的。他的夫人就是几乎包办全部俄国文学的康丝当斯·嘉耐德(Constance Garnett)，我们东方人能够赏鉴俄国几个大家的作品的，谁不感激这位大气魄的女翻译家。

志摩附注

---

① 刊于 1928 年 4 月 21 日《中央日报·文艺思想》陆小曼译《萤火虫》文后附注。

《海外仙山记》序[①]

有仙山焉远在海外，虚无缥渺之境，周围弱水不可得渡。能渡过此水，诞登彼岸，地布黄金七宝，瑶池仙草，四季常春，并能忘情一切，真极乐世界也。诸旃越有思登此宝山者否？衲愿指迷津，示人捷径。咄，苦海无边，回头是岸，灵山不远，即在灵台，此不二法门也。尝见俗子沉沦苦海之中，自谓身居乐土。又有身居乐土，更觅仙山，不惮烦劳，不辞跋涉。其实，即此工夫能戒偷盗邪淫，屏除贪嗔痴业，广种福田，勤修善果，自拔诸地狱，而入三昧者。不明此旨，徒事供养，究复何益？方外友懒残居士，精探三昧，著作等身，近出《海外仙山记》相眎，庄谐杂出，阐揭真诠，信手拈来，皆成妙谛，诵读一过，不觉微笑曰："善哉，善哉。居士造福不浅也。"用弁数语，以志善缘。

老衲志摩谨序

① 刊于 1932 年 1 月上海震华书局出版的《海外仙山记》。

徐志摩法師序

有仙山焉遠在海外虛無縹渺之境周圍弱水不可得渡有能渡過此水誕登彼岸地布黃金七寶瑤池仙草四季常春並能忘情一切眞極樂世界也諸旃越有思登此寶山者否衲願指迷津示人捷徑咄苦海無邊回頭是岸靈山不遠卽在靈臺此不二法門也嘗見俗子沈淪苦海之中自謂身居樂土又有身居樂土更覓仙山不憚煩勞不辭跋涉其實卽此工夫能戒偸盜邪淫屏除貪嗔癡業廣種福田勤修善果自能拔諸地獄而入三天昧者不明此旨徒事供養究復何益方外友懶殘居士精探三昧著作等身近出海外仙山記相眎莊諧雜出闡揭眞詮信手拈來皆成妙諦誦讀一過不覺微笑曰善哉善哉居士造福不淺也用弁數語以誌善緣

老衲志摩謹序

书评二则[1]

《乐士康庄》

《乐士康庄》，罗塞尔著。

Proposed Roads to Freedom. By Bertrand Russell.

New York：Henry Holt & Co. 1919.

罗塞尔既出《社会改造之要义》，复著《乐土康庄》，其书风靡一时。罗氏于美版书名特加建言之意，“Proposed Roads to Freedom”犹言康庄之到乐土与否，良未可必，特有此主张耳。说者谓美人少见多怪，狃于习勿能为推移。罗氏故弛其题义，以为迎合。然罗氏之书卒售。

罗氏书首述马克思及巴枯宁之传略，及其哲学之菁华。其论无政府主义，引证庄生《马蹄篇》，以为古德魂（Godwin）、浦鲁东（Proudhon）之学说，承十八世纪个人主义，而砥刻鞭擘，极深邃穴头，以临骇天下。而岂意其言也，犹蒙庄之糟粕云耳。

① 两则书评署名“徐志摩”，刊于 1920 年 8 月 1 日《政治学报》第 1 卷第 2 期。

罗氏既论列马、巴二氏，又承无政府之哲理，衍释近世新敌沟主义(法名职工同盟主义 Syndicalism)。马、巴之异，在于马不废政府，而巴氏必尽扫人间制度，还真反朴而后快。法社会党求政权甚烈，俄而新敌沟主义，一营哗啧，以为社会党缘木求鱼，耗日无功。今日之事在于"直取"而代之。利器云何，曰大罢工。不得全膰，则罢之无休。此说流美，变形而为世界工盟主义(I. W. W.)尤亢激无可融和。

主张马克思、巴枯宁，及新敌沟主义者，皆嚣然自以此康庄通乐土而互讪其非是。罗氏叙之论之攻之，言马与巴去乐土远甚，新敌沟近似矣而中道而止，未尽通。其通乐土者，乃罗氏理想中自辟之康庄也。此康庄维何，最新式之社会主义曰行团会主义(Guild Socialism)者是也。

罗氏非创此说者，然信之甚笃，持之甚坚，今此说之传甚速。说者尤谓此与英伦国情，最相吻合者也。其中大义微言，罗氏书言之綦切。吾勿欲于此书评中，泄露此康庄之结构风色之如何。愿好社会哲学者，皆得读此书。书既以质胜，文亦清晰矫健，读之欲不竟篇，勿可得也。

《自由国家之社会》《国际联盟之要义及其实施》

《自由国家之社会》，罗马著。

《The Society Of Free States》, By D. W. Morrow.

New York：Harper & Brothers. 1919.

《国际联盟之要义及其实施》，段耕辑。

The League of Nations：The Principle and the Practice.

Edited by S. P. Duggan，Boston：the Atlantic Monthly Press. 1919.

西雪雷(Cicero)曰：岂惟邦家之抟结，有恃乎信义，即荟天下万国以为社，亦赖信义以为维。葛洛雪司(Grotius)始编国际法典，其言曰：天下交通，国家之关系益繁，不可无法律以绳之。其交欢也有道，其交恶也亦有道。信义日巩，人道日昌。绝战争而臻大同，其兆几矣。自古贤智大哲，闵生民之忿争，启衅肇戾，祸变无终，发为危言大计，以绳约防范于几微。或唱公理而惩私忿，申信义以杜诈虞；或著约法以勅国际之关系，或主汇天下为一家。征诸史乘，每当大战而后，痛定思痛，辄有永建和平之主张。近世作战之具日精，战祸益深巨，则有大君贤相，昉联盟之议，为弭兵之会。自法王亨利第四之“大策”，及威尔逊之国际联盟，其来久矣。

然而未尝有成功者何也？或谓人种之先，既以自营不仁，而凌屈万类，绵传虽远，恶本犹存，为己之性，与生俱至，人与人竞，国与国争。故私之未去，争亦不除。或谓法制有未善。或谓时机有未熟。或谓国际主义，以国家主义为原则。分子强弱不齐，则排列失其平而间隙萌焉。卒之事之成败，皆有因果可寻。殷鉴不远，政在世人取资讨议，张皇补苴，以厚惠民生，永晋无疆之休也耳。

昔者我国民以神明之裔，掌制中夏，贱其四邻，曰蛮夷戎狄，故无国际关系之可言。近世以来，蒲伏列强之后，重蒙奇辱，转侧呻吟，以乞哀怜。“谓他人父，亦莫我顾。”追念往昔，伤痛如何！一旦国际联盟成立，无论其为诚伪久暂，我国要不能不匄一座以自保。则联盟之所由来，及其组织实施之如何，吾执政好学之士，可不详讨而孰虑之耶？

年来关于联盟之著述，盖繁赜不可类举。然求简洁明畅，指陈大端之书，则马罗之《自由国家之社会》，及段耕所纂之《国际联盟》，皆可称焉。

马氏书始论大战之渊源及其结局之惨烈，继论历来大同和平之主张，后论国家主义之发展及其阻碍国际联盟之趋向，结论今日所酝酿之联盟。其第六章叙列战时协约国海运联会之组织效用。马氏尝亲参与一年，故言联合之困难至详切。要之此书布叙事实，流利明剀，有足取者。至其少创作之言，评鉴不及精湛，则作者亦自认之。书尤简核，半日可竟。

段耕，今万国教育研究会之教务长，及纽约大学之教育教授也。大战后尝游欧数月，归而荟当代名流关于国际联盟之著作，订为书，缘曰《国际联盟之大义及其实施》。考核精审，讨论详备。书才于去秋杀青，初版顷刻而罄。不知国内已有此书否？有意研索联盟问题者，亟宜购备一编。

题语七则[1]

留美期间敬奉父母照片题语

敬奉我最亲爱的父母亲大人，此是儿子至东美新照的相。大人看了一定很欢喜的。

[1918 年]八月二十五日衣色加

《西湖记》照片题语[2]

1. 杨柳有春色。

2. 背负湖山。(题胡适在西湖背负湖山的照片)

3. 持桨背树茫然。(题胡适在西湖边手持西湖船桨的照片)

4. 牙齿白且洁兮。

---

① 本篇收录徐志摩书于照片、图书题语七则。

② 这 14 条题语，书于照片上，贴于《西湖记》内，现收藏于国家图书馆。所题时间应在 1923 年。相当一部分照片，摄于海宁观潮前后。有几条已发表，为体现文字的整体性，一并收入其中。

5. 在花坞万竹林一破庵中。（题）

6. 蔡先生将赴欧。（题胡适所摄照片）

7. 应家爹娘儿女图。（题应家合家照片）

8. 上张是海宁看潮的尾声。（题海宁潮照片）

9. 下张是适之照相术的得意之作。（题胡适所摄照片）

10. 君武——香蕉未咽。佩声女士——望湖。知行——熙。精卫——背。适之——怡。经农——瞅瞅掬口。英文——輾。沙菲——笑。这襟角是我自己的。（题在海宁盐官海塘候潮时照片）

11. 一线潮。（题海宁潮照片。）

12. 从湖滨旅馆的窗口。（题西湖风景照）

13. 这是适之在烟霞洞摄的玉皇山和钱塘口。

14. 我很爱这张的景色，模湖得好，有时事情说得太清楚了反落平常。适之的美学决不能使我抒[舒]服的。（题西湖风景照）

15. 胡适替我摄的。“我是从悲伤沉闷中，来到这天然的胜处！地窟里潜行的流洞，观了树色与天光。”（题胡适为志摩所摄丧期中的照片）

16. 适之，你为什么愀然若有所思？你的病容也不曾全灭。（题胡适在西湖所摄坐照）

《人权保障宣言》附言[①]

这样看来，终究还是上海人文明些；非法杀了人还有这许多出来人说话的。北京呢？

赠张幼仪《志摩的诗》题语[②]

幼仪：这小集，是我这几年飘泊生涯的一帖子果实，怕没有熟透，小心损齿！

志摩　[1925年]九月上海

赠蒋廷黻《*Economic Liberty*》题语

此计学放任主义之余响，甚矣其衰也，强弩之末不可以穿鲁缟，其信。奉廷黻兄。志摩，九年冬伦敦。

赠张歆海《*FAUST*》题语

春游柏林买书送叔明兄。志摩四月。

赠胡适《*Marius The Epicurean*》题语

这部著作是裴德七足年劳力的成绩。“一字不苟”是他著述的铭言；但他还不止“不苟”；他的字一个个都是他自己“现

① 刊于1926年1月25日《晨报副镌·〈人权保障宣言〉附言》，录自陈学勇《关于徐志摩的一封信、几条佚文及其他》一文。

② 载上海图书馆所藏《志摩的诗》扉页。

制的”,像最细心的雕刻匠似的,斲成了最精妙的形象还得轻轻的把看不见的细屑吹净了去方才满意。他是唯一的散文美术家。他的文章是按我们从容的咀嚼,辨味,决不能让我们胡乱的吞咽。

敬呈　适之老夫子大人早晚清玩。

志　摩

二月二十七日,欧行前布施之二

文学与美术[1]

诸君，今天校长可算是上当啦，花了种种本钱，汽车费，请我来演讲，真是做了一笔亏本生意。我以为顶好是两三个对于美术有兴味的人，坐在一间小屋子里，火炉中有熊熊的火焰，可以抽烟，随随便便的畅谈，没有一定的题目，没有一排排的座位，那真的可以得点"烟士波里纯"，谈的人也自然高兴。现在叫我跑到礼堂上来，一屋子满是人——正式演讲——我先就吓一跳。并且校长又坐在那里监督，意思想不许你胡说，我如何能不窘？

我因为事忙，虽然前几天就听说有几位要学文学美术的朋友们要我来讲演，我都没功夫预备。我口才又不好，说起来恐不见动听，然而我竟敢来与专学美术的人来谈天，我的胆子也就够大。

现在有人学美术、文学，是很好的现象，原先总是有用的东西，狠少有人学无用的东西(美术、文学都是无实用的)。所以

---

① 原署"徐志摩讲演，暟岚笔记"，刊于1926年6月11日《清华周刊》第25卷第16期。暟岚，即罗暟岚，湖南湘潭人。

留学生回来，多半是大批的法律、政治……化学工程。最近才有几个学文学、美术的，这种转向的现象，很引起我们期望。我们所以要学文学和美术，不是为名，不是为利，乃是感觉内心的要求，非要藉文学和美术与以相当的表现不可。社会上的人年来渐渐的承认文学和美术所处的地位，这是使我们学文学、美术的人听见高兴的事。但是学美术不是容易的一件事体，不管他有否特别之赋，但一种 Artistic Temperament 却万不可少。你如喜欢做官，说做官有希望，你就可以去学做官。学美术、文学却要有真正的了解，若是连这点都没有，那是不能勉强去学的。

讲起外国的美术教育，这年头儿美、法、德、意都很注重，法国的美术院(Beaux Arts)虽是以美术教育著名，不过学校这地方，多少总有点拘束，对于美术有兴趣的朋友，也不必一定要入校。

Art Student 有四条路可走：第一种是入一个美术专门学校，住完那学校必须的年限，拿一张毕业的文凭。第二种是所谓 Café artist，过一种 Saloon Life，巴黎是著名的大都会，几百年的文化美术的中心点，其中一切，多少都带得有点文学的色彩和美术的味儿。在茶店酒馆中，你能常碰到一大群一大群的所谓"咖啡馆美术家"。说起他们的外表，那才无奇不有，头发也许几月不梳，蓬松像一棵乱麻。有的戴上两副眼镜，有的穿一件长袍，睡衣拖鞋，一应俱全，常在茶馆出进，会面一谈就是整天，无拘无束，无所不谈。这种人是否 Artist？很是个疑问。皮毛易学,有美术家的外表而无真实学问的很多。你如果要到里面去找真的美术家,就很难找到几个,虽然从他们的脾气神味儿看来,好像每一个都是大美术家似的。第三种是所谓 Garret artist(阁楼上的美术家),他们不大与人接触,自个儿躲在楼上,握着几枝笔,努力于美术的创造,过一种刻苦的生活,认真的对自己负责。这神人中间,颇多真有根柢的美术家。第四种是拜师傅的美术家,如意大利文艺复兴 Renaissance 时代,Venice、Florence……等地方,是文化发源的老地,当地的人,生于斯,长于斯,有一种拜师傅的风气。从小就认定一位师傅,跟他一直学到老,和我们商店里小学徒拜师傅的味儿差不多。Giotto 小的时候是一个牧羊的孩子,他有美术的本能,闲着没事就从树上折下一株树枝,在地上乱画。有一天 Cimabue 看见了他,觉得这孩子有根,便把他带回,教他学美术,后来成为美术界的大师。这四种是学美术的人可走的路。"咖啡美术"太浅薄,一不慎,许叫你把美术家的坏脾气给全套带回来。进学堂虽受拘束,但也是无法避免的事。

说到艺术,无非是表现自己心中的兴感,所以无论你是文学家或美术家,头一件顶重要的事,就是要抓住自己。Romanticism 就是要把心中的东西整个儿的表现出来,不受外界生活的影响。生活这东西本不只实际一方面,还有想象的。我个除吃饭穿衣……外,还有想像的生活。无论何人,无论何时,无论何地,总免不了有想像这东西在你脑子里活动。小时候看小说,晚上每每作英雄远征的豪梦。虽一物不知的俗人,他到剧场里看戏，看到悲欢离合、孝子忠臣，也受一种感动，他的想像也居然能与戏剧化。有人藉外界的刺激，来扩充他的想像。譬如有人非抽烟作不出小说，De Quincey 是个好例，他作东西，就非抽烟不可，但我们所要的，却不在此。大凡美术总是想像的结晶品，他有这样的重要，你想要知道一国的文化，就得要拿想像的高下作标准。宗教也是想像生活的一种，他的本身是要使人类精神的要求满足，并没有道德的关系在内，所以无论何种宗教，都为各国所不可少。（徐君的校正到此为止——记者）

现在的人，注重 Economy，只重实际生活而遗弃想像，有除了实际外不管其他之概，比如说电影，你如看见里面一个人乘马遇危，或坐火车汽车遇险，你虽然觉得情形危险万分，但总不及实际上的可怕，这就是常人注重想像不及实际的一个证据。

艺术家自有他的与常人不同之点，顶不同的是在 Vision。艺术家的 Vision 是异于他人的。先说 Practical Vision 吧，这是一种对于生活实际的影响的现象，常人多半是见而不看，艺术家就不然，他是见而兼看的。至于 Curiosity Vision，常人也有，比如一个做生意的人，你拿一幅古画给他看，他也知道好，但是不会与他发生关系。普通美术家具有 Aesthetic Vision，他们要找美术品中的 Harmony，画起画来，也非美的不画，非山水清秀的西湖不调颜色，非具有曲线美的模特儿当前不打草稿。然而真有本事的艺术家却不然，他具有 Creative Vision，他有独自创造真美的能力，不以常人所谓美丑为美丑，从世人所谓美的中间见出丑的，丑的中间见出美的，去开世俗的好坏，专从物的本体上见出真美。譬如这屋子里的火炉,艺术家能从它里面看出Harmony,他写出来的火炉,是写出他所见的火炉,决非常人所能见的。又譬如说人头和西瓜吧,艺术家能从它们俩里面找出Harmony出来。一个瓶子,一双破鞋,摆在桌子上有甚么好看?然而后期印象派如Van Gogh……之流,能把他们所见及的真美写出来,叫你看见了爱不忍释。有人说Gauguin画葱,不但画出葱的活灵活现的形状,连葱的味儿都给画出来呢。

艺术家对于艺术要有一种特好的癖性,Van Gogh画画,画得发疯,眼都瞎了,他在Sister Ghaper里面,整天的画,壁上,天花板上,无处不有他老先生的大笔,搭起梯子在天花板上画,后来连头都弯不过来。他并不为名,也不为利,他是这样发疯似的狂画,无非感觉的内心要求的迫切,非要把它表现出来不可。杨时伯(?)是北京有名的弹古琴的人,他屋子里全是古琴,壁上挂的是古琴,桌上摆的是古琴,书架上搁的是琴书,……见面谈的是琴事,他对于古琴是这样的酷嗜,有人说他若是不学琴,他的性情太暴躁,会要杀人放火的。

美术家对于生活的态度,是要有准备牺牲的决心,不要以为美术是出风头的事,这是世界上顶苦的生活,不要受名利的引诱,要全应内心的要求。西人说的好:"If you wish to be an artist, put off all the Grief, let you to be a mirror reflect all you see。"有人说Benmt当他父亲死的时候,家里的人正哭得伤心,他老先生不慌不忙的抽出笔记本和笔来,坐下来慢慢的描写各人哭泣的状态。

如今人的生活太匆忙,东奔西走没多余的闲暇,性灵得不着时候休养静息和安慰,天才也没机会发泄和舒展,加以社会上的束缚又太多,功利入人心很深,太重物质,做生意的味儿,到处闻得出来,洋钱的声音,震得耳朵发聋,赤金的光芒射得眼花。在这种社会里,美术怎能有充分的发展?但这正是美术家的责任,美术家要藉着手上这枝彩笔,写出些清妙高超的东西,唤醒世人的心灵,洗掉人世的卑污。美术家要有"穷则独美其身,而达则兼美天下"的志愿。

诸君是要到美国去的,美国并不是没有美术教育,但须知美术是往内心求的。学校教师只能给我们以技术,内心的涵养,是要靠个人。Paris 和 Florence 都是学美术的好地方,站在山顶上看 Florence 全城就好像个大花篮,一盘鲜红碧绿的果子,或是一堆花样各别的珠宝。意大利空气的本身就是美术的,大雕刻、名画到处都是,看了以后,美的兴感自然而来。在这样地方学美术,当然是事半功倍。若是到车马纷扰红尘十丈的支加哥去学美术,谁也知道是不成功的。

我今天随便说了一说,没次序得很。我本想来和诸君坐在一个小屋子里,随便抽抽烟,谈谈话的。今天谈的无头无绪,非常抱歉,盼望有时候能和诸君作个人的谈话。

附　言①

名人的演讲，照规矩是从来没有过记者在前面加按语的，不，这一次我不能不抢在徐君前面讲几句话，不然，一月演讲的稿子到六月才发刊出来，岂非笑话？我要告诉读者，我本来不会当记者，尤其是记名人的演讲，更加是记当代大诗哲徐君的讲演，因为诗人口中讲出来的话，句句都带有诗味儿，那是最不可捉摸，万不能用文字记下来的。要不是贺麟君那天再三督促，我真不敢冒这大险。贺君说朱君毅先生要我记好交给徐诗人校正，所以我在演讲的第三天，就把这稿子交给徐君。过了六天，（那时清京交通并没阻碍，北京也并未闭城。）才得了徐君的答覆，说接函时正“整备”（原函语）南行，笔记带去，有便改正再寄回。于是它有这荣幸，一直伴着诗哲在西湖看了梅花回来。可是两个月后，还没见音信。我又写了封信到北京去探听消息，过了一礼拜多（我想大概是邮差故意迟误徐君的稿件的原故），才得了笔记原稿及回信。徐君说“前次那演讲，实在不成话，全是敷衍性质，那是他引为可耻的”“希望你替我掩羞，别给披露了吧”等话。我是笨到极点的人，不会听话，把徐君反面的话，认做正面，但那只能怪我笨。诗哲把原稿改了一半，在上面很明白地大批特批道：“不行，罗君，我勉强看了几页，实在看不下去，除非我自己另行写过。”我这笨人竟还不知道这是诗哲说我的记录不行，非他自己亲自动笔再做过不可的意思（因为

---

① 《附言》原在正文前，现移至文后，当系罗暟岚所记。

诗人说话多少总绕点弯儿,是不是?),竟真的相信是他认为“全是敷衍性质”,所以我真的“别给披露了”。昨天接到朱君毅先生的信,要我即日检交此稿给周刊在最后一期登出。这笔记是应朱先生之命而记的,我只得如命。我早说过我是个不会当记者的人,更是个笨到极点听不懂诗哲的话的人。我又说过诗人口中吐出来的话,是不能着痕迹去用笔[记]下来的。如果这里面有不是诗人的话语,有没带诗味儿的哲理,那全是我这笨记者的错,与诗哲的老招牌无关。据我看的话,徐君那篇“自己另行写过”的大文,那我可真不敢担保。

再者,这文取材于贺麟君的记录很多,书此既示不敢掠美,亦示不敢独任其谤。

记　者

现代中国文艺界[①]

一、引　言

隔了两年多，回到北京来，好像回到老乡一样。这几天里头，曾见了好多老朋友，又值天下大雪，看见郊外雪景，觉得高兴……从前曾来过贵校两次，不过开幕后，这是第一次。你们在这优美的地方——山西的紫光里，必有一种风雅之趣——得到风景的美感，我从城里来的人，觉得很舒悦性情，并感到自己所说的话，很粗。今天并不是来公开讲演，只不过把所感到的，略谈一二，就是关于现代文艺界的几句话。

二、支配思想的潜力

新文化运动，从一九一七年到现在，这十年中，社会的变迁，不在少数，并且变迁的速度，比我们理想的更快！因此，在我们生命的本体里面，起了很大的作用。结果凡思想、感情、言

① 原署“演讲者徐志摩先生，笔述者李德荣”，载 1929 年 1 月 11 日《燕京大学校刊》。

语、生活，种种人生的经验，起了很大的变化。不过因为新势力来的太骤，使我们好像在运动场上赛跑，跑的连气都喘不过来！结果，从前潜伏在我们脑海里面的，现在都表现了出来。……从十九世纪到现在，世界上有种种新奇古怪的事情，因此我们的政治方面、社会方面、经济方面、思想方面，受了很大的影响！至于支配我们的潜力，第一是英文——文字——因为英文的介绍，文字本体的不同、构造的不同、表情的不同，使我们在思想方面，起了很大的变化。第二是西式的教育——像这样的房子，这样的座位，一个人在台上胡讲，好多人在下边……听，这是从西方传来的。每天早晨，从九点钟上课，一直到九点五十五分，从十点钟一直到十点五十五分，从十一点一直到十一点五十五分，这也是从西方传来的。总之，西方化的教育，给了我们“时间”和“空间”的观念，钟点的观念——Time Color。第三是西方的文学和艺术，西方的文学，影响中国思想最深的，第一是俄国文学，其次是德国文学，再次是法国文学，又次是英国文学。英国文学者，自莎氏乐府 Shakespeare 以下，其余的很不完全。俄国的文学，给了我们很深的印痕，因为它的内容，满含着无聊、悲观、厌世、疯颠，因此引起了我们的同情。西方的绘画、美术、雕刻、建筑，也与中国的文艺界，有很大的影响。第四是西方的思想、政治、哲学、人生观，也介绍了到中国来，因此我们相对的各方面，也有了相当的变化，就从小小的一个书名子上，也可以看得出来——《超人》。第五是西方的科学的影响。科学的运动应用，和机械的发展，使我们的思想改变，使我的生活齐整和快。第六是电影。电影自然是以美国为中心，供给中级社会人的娱乐。因为它的后面，是清真教(Puritant)，所以它的背影，是浓厚的道德观念。电影给我们介绍了两种事情，一是教你“做贼”，二是教你“做爱”。电影的价值，自是另一问题，不过，电影的影响，使我们发生了很大的变化。其次是青年会，以卫生和社交为前提，把西洋的 Pire 介绍给中国人。此外还有两个人行路，一个在另一个人的肩膀上一拍，喊到 Haloo。第八是中国的刊物广告。满带着宣传的意味——商人用它为赚钱底目的，别人用它为宣传真理底目的，究竟宣传着什么真理？实际上不过变相的广告罢了。第九是留学生的影响。一部分的法国留学生和美国的留学生，把西洋和新大陆的宝贝带了回来。(这次去美国，曾有几件大事可记。一是美国人的喝酒，因为政府要厉行禁酒，就像那些性书及曲线美的图画在出版的时候，本来是没人看的，不过因为禁止的缘故，所以看的人才越多了。第二件大事，就是一个飞行家飞过大西洋。第三件大事，就是一个人爬在大铁球上，从加拿大的尼加瀑布那边，一滚滚到美国这边！当时曾昏了过去，还好，又活了过来。此外还有跳舞等等，也是可纪的大事。总之，他们的生活，是从机器中生出来的，这种人生观，也许是远大的。)不过留学生，却把这种宝贝的人生观，带了回来。我对于这种宝贝，虽不能不说几句话，不过也许像局外人，不能领略它本身的价值，所看到的，也许是很粗浅的。不过留学生，带回这种宝贝来改良中国社会，能否成功，待考。还有留学生回国以后，觉得什么都是不合宜的——衣服不能穿，房子不能住，不过中国饭还可以吃。于是对于西方文化，盲目的或是半盲目的崇拜着。结果，环境的破坏！标准的颠倒！普遍的悲观！便是现代的一种情形。

以上种种全是支配现代思想的潜力，思想既然变迁，自然文艺方面，也受了影响……

三、文艺上所受的西洋影响

中国旧派的文艺，使我们不能满足，就像有人想中西戏剧，同情于"象征"一点。其实中国剧那里是"象征"，只不过重于"体格"罢了(Theory of stylization)。西洋美术是以音乐为标准的。中国美术是以"字体"为标准的。所以中国的绘画，只把所记忆的画了出来。这种画法，本身并不是不好，不过它的背后，没有"真"字，没有感情，没有生命，缘故是没有深刻"自然"的研究，所以作品并不是"自然"的对象。中国文章，只是文章没有思想。诗人也是一样，只弄文学的技巧，并不是表现自己，或把本身的经验，发挥出来。西洋文艺是重于"直现"的 Immediate Expression，是把自己的主观的观念，发挥出来。关于这一点，并不是西洋比我们强，不过比我们在先一步罢了。就如前几年说"爱人"或者接吻，总觉得肉麻或是不自然，可是现在也都习惯了。可见表现是从习惯而来的，更可证明，我们的文艺，是步着人家的后尘……

四、印度的文艺

我到印度去，知道印度经过"过渡的时代"，在我们以前，因为他们接触西方的文化很早，不过，有太戈尔身当其冲。他怎样走路，他不看不起本国的文学，他追求印度的旧有的真理，找到印度性的灵感和普遍性，而成为民众的文学。所以能使人无条件的敬仰它，无条件的崇拜它，因为它能使人得到更新的灵感，人格的表现，灵的充分的表现……

五、结　论

总之，西方对于文艺的态度，根本与我们不同。不过中国现代的文艺界，不当纯粹的采用西方文化，印度就是我们很好的参考……

徐志摩的漫谈[①]

诸位同学，我们对于自己所经验深刻一点的思想，往往看的非常宝贵，非常神秘，轻易不愿为外人道，不过现在文学社同终南社既然要我来讲一些，那也没法！但是今天所讲的恐怕过于干燥，那或许是北方气候的影响？

出洋游历，现在是一件很时髦的事，差不多处处可以看见，甚至军阀政客，也纷纷出洋考察。现在考察回国的人，已经不少了，其报告各殊，只有惟一点是同一的，就是：西洋人跑的又快又远，我们非积极追赶，无以自存！吴稚晖先生就是拼命提倡物质文明的。照老看来，要是一个人，最低限度得会造一只洋马桶。胡适之近来居然也崇拜拜金主义，不遗余力。所以无论如何，可以说：中国现在追赶西方的轮轴，正在发动，不过同时处处都看到尝试和肤浅，只知屈从好奇心盲目的跟在别人背

① 原署“孙悦信笔录”，刊于1929年1月16日《国立清华大学校刊·两篇漫谈》，另一篇漫谈是庐隐女士对文学的漫谈，发表于是月18日校刊上。

后喘喘的追，从不曾停一停步，认认前面的康庄还是穷途。所以现在我们就得暂停一停，抱着庄子“是其所非，非其所是”的态度，把一般人重视的问题，看轻一些，把一般人看轻的问题，重视一些，同时当在我们的脉搏上辨一辨什么是是，什么是不是，什么重要，什么不重要，方能使民族渐渐转向光明之途。

在我未讲我的漫游以前，我得先说一句，就是：我这第四次作欧美游，不知怎的，愈游的久，愈觉得我修养不够。我现在可归西方为一类，就是最高度的工业化物质文明化世界。美国是世界舞台上很有希望的一个，不过我总看不惯，不敢赞同。你看他的唯一要素，是机器，他在机器上可以长出眼睛来，可以长出耳朵来，可以生出感觉来，近来飞行的高潮，坐铁铅球从尼亚加拉瀑布滚到美国，和跳舞家跳到三四个钟头等问题，不是美国人注意的唯一目标么？欧洲的法、英、德等当然差不多，不过各有程度的参差：这种现象，普通说来，足以发生时代的厌倦，悲观的就会嚷：世界已到末劫！

俄国和印度，都有他单独存在的价值；俄国我没有多大了解，至于印度，曾给我一个深刻的影像，虽印度的文明，代有消长，不过他自有他长成的元素，和特有的品格，决非遭际的迍邅，所可动摇分毫。至于一个文化，我以为至少有两根，即——自然的——天然的——根，与文化的——人为的——根。人不是文化，人是动物，因为产生在人的天地间，而发生一种影响。至于自然的根，当然托之于花草虫鸟，和自然的一切；那你在印度就可见恒河中成群的鳄鱼浮沉，同岗岭上斑斓的虎豹狮象，和美丽的孔雀。

我这次经过哥伦波,有一个不可磨灭的影像,映我脑里;是在猛烈的骄阳下罢,有一个老年的印度人,一丝不挂,露着他纯黑的肌肤,在棕树夹道的路上,赶着牛车缓缓而行,在那树林深处,还可见一所小土屋,他的妻和子同样的——赤裸的——熙熙然席地而坐,我看了顿时意识中发现一个头顶青天足踏黄土的自然产物。同时在那树林之表,透出一所大理石造的希腊式宫殿式的房,嵯峨宏伟,一望就晓得住的是西方人,意想中就有一个纱縠裹体的白种,或许在那里吃冰淇淋?不过我总觉得这种东西镶不进一幅自然的画!

杨先生(振声)的故乡——山东——我有一次到过,在那黄昏时候,经过泰山之麓,隐约中小屋中透出豆油的灯之光——这听说是奢侈了,因为普通是日入而息的——映照着一群赤裸裸的人们,站在自然的宇宙间中惊视着我们这般洋鬼子——假使剥了衣服,送到露天里,说不定两三个钟头就会死的?

印度人吃茶吃饭,都是用手,这亦是文化的结晶,自有他伟大的背景和价值,因为手是自然给你的匙子,何等的灵活和纯洁!我们放着他不用,反用污秽的不自然的箸子、刀子、叉子,说也可怜!

一个人群能在极坏的环境里挣扎着,不断地继续存在,是靠一个大原则,王道不离乎人群;——而这种不变的原则背后,还靠着文学宗教的创造伟大力量,使民族彻底的统一。

中国伦理上有最宝贵的文化——忠孝节义,我可以说无论时代变到什么田地,他终有他不朽的精神,犹之梁任公所说文化像宜兴的茶壶,亦犹之杭州某地(?)的大铁锅,虽历三四百年,仍有他祖宗的遗味存在。不幸中国现在的趋向,是表面上完全抛弃他的特性,你看凡是到过欧美的人,那一个不是欧洲化、美国化?

俄国的文化在我们看来有一种神迷,至于印度的学生,他的特性就强得多,他的自然的原素像驾牛车者的原素,——非常充分,无论那一个印度人,回到故乡来,没有不仍旧用手吃饭的。

说到中国学生,固然有很多对于中国文化着实发扬的,不过就一般看来,在他那全体的细胞里,很难找到他是一个自然的产物;你看,出洋的学生,在未坐外国邮船以前早就定了什么电机工程、机械工程、法律银行等等,只要文凭不发生问题,一到外国就可以报名,然后诸事不管的读他四五年,那硕士、博士就稳到手了。或许在那四五年的历程中,发生一度小小的恋爱,或许成功,或许失败。说不定,到了末年可就着急了,纷纷写信到国内朋友处找寻饭碗,程度好的那清华、燕京等等早就定去,不好的还得碰运气;这样看来,一般人对于自然完全没有欣赏的兴味,完全没有清楚的了解,只了解了教育当饭吃,是不可讳言的。事实上一个人做人,至少总得不辜负那自然所赋予的,总得造一点自己所要造的东西!

至于国内的学生呢,那又不同了,他们是时代的产物,他们的脑力有特别的组织,至少同我们三十岁以上的人迥乎不同;

甚么无线电的音波同恋爱爱波，都可以在他脑子的岑希拉(Cohera)里起个作用，使他整天价叫冤叫屈，又回复影响到他们的思想；一方面大人物们又在那里大声疾呼，为国家为民族谋改造，赶上西方，于是共产、无政府等主义，又在他们脑海里轩起大波。好了，现在文学艺术一切也都跟着西方跑了。这种现象，真不晓得民族的命运伊于胡底？

假使我们民族还有一些生活的力量，可否再来一回尝试？还是回过头来找一找我们光明之路！

政治没有真正解决，徒引起无谓的牺牲，思想也何莫不然？补药是滋养的，但是有时会得补死人！

现在再请诸位把一般人重视的问题：看轻一些，把看轻的重视一些，仔细地想一想事实的标准——自然、文化两根。不过中国智识阶级本来就很苦，因为同自然从来风马牛不相及，所以我们现在还得重视自然之根，实行到民间去，回我们的本土去，一面力谋改良本真，一面谋发展本真，更要在新生命中找到自己。

时代的要求，在人们的身上发生变化，我们从此要打破从前重视文字的地位，用现在的目光，用新的精神，把旧文化复活起来。

回到自然的故乡！

重新估计自己精神的价值！

印度同中国一样有独立的文化，受帝国主义的侵略，并且还甚些，不过侵略不要紧，他民族自有他超时间空间的生活要素，虽然十九世纪印度文化同外来文化有一度激剧的冲突，但结果所看见的影响更彻底，并且始终保存印度文化的本真，更容纳外来势力，而有一种健康的新的精神表现出来。这里甘地是一个代表；太戈尔不必说，他是一个逃学者，常常偷着在恒河里泛舟；还有科学家 Base，他说起话来老是诗人口吻，而最近德、奥等国却派人去做他学生，在那加尔各答的一个园中，大树亭亭之下，高台之上，就可以看到大哲如释迦般在菩提树下潜修。

当那甘地、太戈尔等走到街上的时候，一般人都爬在他前面，抚着他的脚请教，因为他们自然的完全的人格，可以代表民族不灭的精神！

我们回过头来看看我们自己——中国，有没有一个健全的自然的精神表现者，够我们崇拜？

总之西方人根本看不起我们东方人，我们必得发扬我们自然生活的真实性，同时把本真的同外来的文化，普遍地把他混合起来，造成一个独特的人格。

一块晦色的路碑[①]

脚步轻些，过路人！
休惊动那最可爱的灵魂，
如今安眠在这地下，
有绛色的野草花掩护她的余烬。

你且站定，在这无名的土阜边，
任晚风吹弄你的衣襟；
倘如这片刻的静定感动了你的悲悯，
让你的泪珠圆圆的滴下——
为这长眠着的美丽的灵魂！

她的妩媚在时，
像那边涧底的夕阳红；
但她的命运，

① 此据中国社科院近代史所胡适档案所藏徐志摩手稿。本诗发表于1925年3月4日《晨报副刊》第50号时删去了“她的妩媚在时／像那边涧底的夕红／但她的命运／像是黑底在墓墟间”一章，今依手稿，不作删节。

像是黑底在墓墟间。

过路人，假若你
也曾在人间不平的道上颠顿，
让你此时的感愤凝成最锋利的悲悯，
在你的激震着的心叶上，
刺出一滴，两滴的鲜血——
为这遭冤曲的最纯洁的灵魂。

三月一日

热带风(近埃及)[①]

热带的凉风,我颂美你!
这不是蜜般的指儿,疏松地
　擦拂鬓丝眼睫吗?
这不是温腴的玉臂,温存地
　将头项搂住吗?
这不是香脂般的口唇,
　面额上颊上款款地迎吻吗?
这不是暖玉样的酥胸,
　向怀里涨歇地熨贴吗?

热带的凉风,我赞扬你!
这不是希腊当年屋林别克的盛会吗?
否则何以这些天女似的美侍,
　喜笑地用香油替你遍体摩擦呢?
阿塔兰塔(Atalanta)呀! 我有的是“金苹果”,

① 据中国社科学院近代史所胡适档案所藏徐志摩手稿。

　　你来与我赛跑吧!
这一襟一袖的春风,足抵得
　　玫瑰丛中的梦意,蓬莱岛上的琼膏。

绒似稠密,羊脂似滑润的凉风呀,——
你们曾经缭绕过海伦的香踪,
曾经吹拂过雪勃后的香裾,
曾经摩挱过克利后的香鬓,
难怪你们满储着媚意魔力,
　　又稠密,又滑润,又香甜!

沉酣的通畅! 风呀,我醉了!
单纯生存的欢畅,人间希有的光阴,
经了这凉风的香浴,连梦也会甜些!

埃　及[1]

泊赛到了；
船在绿玉似的水面上，稳稳地滑进了海口，
夕阳正在西沉，像一大盆炽炭上腾的火焰。
舟人指点，右转便是苏彝士。
一岸只是欧式高房，不见一些本地风光。
就是那些紫姜面色戴高圆帽的回教徒，
　也一体地穿欧式制服口操英语法语。

那面一座高峻的石像，背着夕阳，特立在海上，
　在暮霭中只是海天间一个硕大的“西罗霭德”。
他就是那开苏彝士运河，人工巧断两洲联三海的莱赛泊。
他昂藏的石像——平拓右臂，手指运河，——
　似乎表示他功成的自矜模样。
他做了半世圣西门的理想梦，

---

① 据中国社科学院近代史所胡适档案所藏徐志摩手稿。

埃及

泊賽到了，

船在綠玉似的水面上，穩穩地滑進了海口，

夕陽正在西沈，像一大盆熾炭上騰的火燄。

舟人指點，右岸便是蘇彝士。

一眼望去只是些歐式高房，不見一些本地風光。

就是那些紫薑面色戴高圓帽的回教徒，

也一体地穿歐式制服，只操英語法語。

　　跟着安封丹想实现大自由博爱的境界；
却不道结果运用他的奇才绝智，
　　来助皮工斐尔爵士完成了
　　大不列颠帝国的春梦，
　　岛旗永被阳光的理想；
结果在原来已不平和的世界上，
　　平添了无数的纷争决斗扰攘，
结果西欧商业兼宗教的帝国主义，
　　又发现了到远东的一条简捷路径；
结果西方杀人的兵，劝道的教士，
　　贸利的商人，鬼蜮的外交家，
　　益发像白蚁搬家似地，向无辜的东方陆绎进取，
你看我们多少的美宇广厦，
　　都让他们蛀啮得烂枣腐茧一般！
莱赛泊，休矣！
　　你还昂什么首，袒什么臂，
　　还来居什么功！
通运！地理上的瘀塞，可以用科学来开凿，
　　如今到处只见人心人智之瘀结，
　　到处只须要开心河智路的莱赛泊——
通运心灵的工程师呀，你几时才能集股开工哪！

南洋星夜[①]

星夜，满天星的夜，是天地间最闳穆神丽之一景。哲学家如康德，诗人如高柳列奇，皆尝专言其超越殊特之美。然我国诗人多有目而不能视者，且决不敢冒露寒出门来细味星天，所以我国诗虽迹近自然，其实自然之真美，除李白、屈原外，知者绝少。

星夜尤以初秋为最美，此次我由欧归过南洋，得见热带初秋的星夜，此景直不可以言语比语[喻]，有令人魂精交泄之感动力。

天蓝之纯粹，星之莹彻净明，真如佛顶佛身之舍利璎珞，放射神奇的光彩；寻常看星，但见其表，然于此直睹其精圆玲珑之全体，恍如千万颗理想的夜明珠，悬缀在天大一块浅蓝色透明的丝绒上；此神伟之鲜明屋顶，又恰好罩住一个风浪莽苍的大海。临此景时，我觉身心无限扩大，几于充塞宇宙，智慧之灯顿明，照见三世一切，佛家所谓神通，我竟身感之矣。右诗实未能曲传我当时感觉之神伟，然真大境界又岂文字所能模拟哉？

---

① 据中国社科学院近代史所胡适档案所藏徐志摩手稿。

且不问人生是媸是妍，
且不问天外有佛与仙，
在这浪岩岩的海中権，
在这风黚黚的夜半酣，
仰首见绚斓的满天星，
镶嵌在净明的蔚蓝顶，
任男女老幼，愚智凡圣，
谁能不感伟奥的音韵，
神秘的光明；谁能不感
精神境界之宏，静，全，真？
罪！罪！罪！是文明；是智慧，
还是人类运命之制裁，
湮塞了（可怜！）群生万汇，
同本共创自然之泉源！

想像你的句 [①]

想像你的句
如同一支饱餐着风
开向海天澄碧处的
航船；

运用你的字
如同一只蝴蝶
在花香与露气间
舞动他的粉翅。

---

① 刊于1932年6月14日《天津民国日报·文学周刊》第5期。卷首有原编者按语："这首诗是志摩先生写来送给一位友人的，大约是他未故前的那个五月里。道歉是必需的，因为诗人已经不在，不能得到他发表的地方和时候的同意。但我们以诚恳来给世界上一点美。志摩先生的友人们，不以为我们唐突吧！"

泰戈尔在上海商务印书馆图书馆会场之演讲[①]

余青年时代之光阴，多半消磨于恒河两岸，常日默坐河畔，在野鸭群中得心灵之感觉，而一生诗歌思想，亦均从自然中得之，故见山水花鸟都觉十分自然，若令于正式会场当众演说，则恐不能自然将所蓄意思尽情宣泄耳。余最初对于中国之感觉，实于印度大戏剧家嘉利达之剧中得之，盖其中有一场，为风飘旗帜，流苏动荡，而此流苏即为中国丝制，在此种会有诗意之感觉中，即得中国文化极深之印象。中印两国本有极深之关系，佛教自印度传来中土，即为中印两国文化互换之机会，印度以自身文化作献品赠诸中国，中国乐予接受，此种伟大的牺牲的包罗万象的精神，充溢于东方，因而造成东方伟大之文明。至余此来，实受一种感动，对于中国目前处境之危险，事端之纷繁，人民之痛苦，均所深知，每为祈祷，希望得安然度此难关。余之来华，非旅行家，非传教者，实为求道而来。故余所携惟敬与爱，余至中国如居古庙，每觉背后有无数牺牲之精神，因得成

① 刊于1924年4月19日《民国日报·本埠新闻·各团体欢迎泰戈尔记》。据该文报道，泰戈尔之演说词，“由徐志摩翻译”。

就如此伟大之文化。惟世界日趋于败坏,故吾人在任何地方,均得见彼死笨无生气之痕迹,而予吾人以无限之创痛。即如余来上海,在城市间固未曾得见丝毫足以表现中国文化之精神,此诚深以为憾。野草支蔓,损及田禾,此种现象实所痛心。中国文化因物质文明而被创,犹之魔鬼展其破坏之舌,尽吞我生命之涎,欲不哀痛,又乌乎可?以言文化、物质,则如谷粒与钻石,谷虽不如钻价之巨,而其真价值乃远过之,物质发达,真趣消失,将来世界恐徒见闪烁死的光彩,欲觅生的物类,且不可得。即如印度恒河,固世界有名之大河,两岸风景幽美绝伦,今烟突林立,机声盈耳,自然真趣消失无遗,每为之欷歔长叹,惟吾既生人世,不能完全脱离社会,物质文明亦未尝无所用。余之所言,盖因物质文明在人生历程中所处位置,颠倒乖乱,遂造成无限之恼闷。余非政治家,亦非外交家,不过一纯粹之诗人,只知必有所感,书以告人。见兹中国文化被物质所迫,濒于危险之境,不得不如实以告,深望于人人心中引起反抗的精神,以维护东方固有之文化,而此种工作之兴尤非牺牲不可。

泰戈尔游杭州飞来峰之感想[①]

余今日在此，未尝自知为演讲人者，因余对于演讲，素不愿为，以非演讲家也。兹承诸友热忱待遇，必欲余立此讲台上宣言数语者，实余之不得已也。顾余所以至杭，为羡慕西子湖畔之胜景，睹斯山水，加以研究，实与余偕之山水有同一之容貌，具相似之音调焉。以外观论，世上形形色色，无分别之足云，鸟鸣兽啼，同一情也，但余想念及此，当产生一种疑虑焉，吾人睹此，多有不能了解者，人与人之语言何以不能相同？不独此也，彼此时生误会，不能以肝胆相见者，于是中心藏之，不知何术以舒快之，以了解之，实一疑问也。余至西湖之灵隐寺见飞来峰有二雕刻和尚，系昔日由印度输入中国者，是可知当时印度文化，灌输于中国矣。然此乃表形上事，若以内容言之，盖予已感想于印度之一部。而北飞来峰者亦授吾以一点不磨灭之思考之结晶，询与印度之飞来洞，若出一辙，是亦具征人心之相似一致耳。飞来峰上有形如童子手掌之一物，更如我印度当初代表

① 刊于1924年4月22日《晨报·印度诗圣与飞来峰上之雕刻》。据该文报道，本文为"泰氏登坛讲演，由徐君翻译"。

人类之所为者，盖使予觉予之知识与昔人同，然予此来，固含有一点使命，有不可蜕脱之关系在。故即来此，当盘桓若干时日，愿求近世文化之进步，而授之国人，使中印两大民族，彼此衔接，互相热爱，而吾人最大之关键，则必由光明途径上行之，今日乃其时矣。世人目光，以为近代交通便利，科学发达之功也，然而正所以为吾人之改造耳。科学虽进步，而不能与我有切实之使命者，则含辛茹苦之时更多，抱愁怀忧之日更甚矣。彼大好湖山，明媚春光，吾人遇之，其乐无极，而有时不合吾意，则一变而为愁云惨雾者，亦此物此境也，然则余之来游中国，征尘仆仆，不知者以为寻乐，知我者又当如何邪？精诚所感，固无往而不利，吾自省尚非徒求有形之行踪而柔远怀忧，亦为吾人应有之思想焉。今日文明时代，吾人发生无限意见，以与此世界潮流相沆瀣而求诸一己者，首在明晰，特吾观于万般万类，焉能穷彻底而无憾耶？为国人者对于民族之精神如何，地位如何，亦有未尽了解者，彼灵隐所刻画诸模型，曷尝其有异想之色彩，但思之重思之，则颇表示一人类文化之使命焉，是故吾人当以毅力应付此五浊之变迁，乃为人应用固有之努性，而后求其所得，或可如愿以偿。吾亦甚望中印两大国，从此益复交通，温故知新，五洲民族之大源，发展至于无极。昔者有多数印人，漫游杭地，惜花爱月，乐山玩水，过此则脑球中仅仅留一丝之印象，未尝稍虑其文化与进境。其游行也，第昙花一现，暂饱眼福耳。余之此来，慕其景而重其境，不觉有无限之感概，睹斯造作，瞻仰风味，大可以动吾心者，即此人类一致之精神也。而欲达消弭种种之冲突，诸凡之谬见，非养成互相援助之美德不可，否则自绝而绝人也。印度无海陆军可以自治，无政治能力可以自为，而此弱点中，求其不可埋灭者，惟此灵犀一点耳，舍此更无他求矣。是故余之莅中华，为爱中华也。爱中华者，欲期此二大民族得以相将相助，无鲜介强制之念，存乎其间，斯已慰矣。吾亦甚望中国人民尽为吾之良友，他日群起欣欣然以来临吾印，得一就印求学之良机，并希有国际大学产生其中，以供多数国人研究人类应有之知识，达到共同协助之幸福焉。虽然，以近世环境观之，殊觉可悲可惧，故余不自量，当大声疾呼而言曰：人类精神之一致，不以彼此之隔膜而有障碍也。余一作无他，惟灵隐中似觉有一种伟大之改造，犹如暗窟中呼之而出者，如此声浪，亲密无异吾父。谓我二大民族从此咸在此声浪中，遵是途以行，打破其故旧之习惯，而完成其善良之结果，固余属望者也，吾挚之华友乎！余行矣，愿各勉之！

泰谷尔在佛化新青年会上的演讲①

今天到贵会所设的欢迎场来，觉得异常的快活。因为会场四周的空气都是很新鲜洁净的，与北京饭店及我此次到中国来所经过的一切地方，又觉另有一天地，好像重到了印度古国很幽静的地方一样。所以我今天感受了很大的印象，心中起了很大的欢喜。因为印度的古文明，现在仿佛死了，今天在这个地点，觉得又要重兴表露出来，所以我觉得很伟大的精神，接触在我的心中。

中国地土肥美，人民很爱和平，文化最容易灌输，世界顶优美的文明，都是我们印度同中国的祖宗共同遗留下来的礼物。所以我今天到这个地方，觉得得着了很大的同情心，还希望贵会许多的青年同志，与我表一致的同情。

我们祖宗伟大的使命，就是和平与博爱，但是现在的世界很野蛮的、贪狠的、暴戾的，全世界差不多都是充满了龌龊肮脏。今天午饭时间，在某友人处宴会，有某西人告我说，中国地方是很宜于精神文明之训验的，这话一点不错。

① 刊于 1924 年第 2 卷第 2 期《佛化新青年·各地政教现况撷要》。

我的意思是想把这种使命供给全人类，且愿意连合大众共来努力传此佛音，我虽然年龄很大，也不辞尽力宣传，并且我觉得我们的真理，必须要躬行实践去做。此次贵会来欢迎我，我想不是欢迎我个人，是欢迎印度传来的真正文化。

我看诸君天真烂缦，很容易交换感情，所以我觉得我的责任同诸君携手，很不难在中国实现。愿意诸君帮助我做完全了我的工作。现在不但中国人希望和平，全世界人都希望和平。

我说人类应该有精神生活的信仰，所以中国同印度应该彻底联合起来，进行这种伟大的工作。

此次，我来中国不是传教，确是要宣传一种能感化人类的佛音。我想我近来作了很多的小说诗歌，彻底说来，都无大用，唯有从精神文明，实地修养来宣传一番，还能救济一切，但是要请求你们的帮助。我还愿意贡献出最好的礼物，不过这种礼物，完全与欧西传来的不同。欧西传来的，不外乎商品与政治，总带有很多侵略的彩色。他们一到中国来，一定要想掠夺许多的好东西回去。我们从印度来亦是想要一些东西回去，但是这些东西不是要掠夺你们，是要用同情心交换得来。我们所想得的东西是什么呢？就是数千年前从印度传来的佛化结成的好果子，这种平和美满的果子，我们很愿意带去传播遍于世界。诸君，是很觉悟的青年，这种责任，亦要共同担任，义不容辞。佛法的大精神，决不是一个人在家枯死坐守可以救济世界的，愿诸君从此努力。

泰戈尔在山西太原自省堂的演讲[①]

我(太戈尔氏自称,下仿此)这次由印度来到中国,又绕道来到山西,得与诸位在此谈话,我的心中,实在欢喜不了。中国与印度,在世界上,都是东方的古国,而中印的文化关系,亦发生较早,所以我到中国来,好像走到了第二故乡。可是东方的中印两古国,到现在都成了被西方物质文明压迫的国家。不仅中印两国,以外许多的弱小国家,都被少数国或少数人压迫着。世界本是无尽的宝藏,世界所有的物产,尽可以供全世界人之享用而有余,近被少数人利用种种力量(水力、电力、汽力),总而言之,科学的力,尽量的采掘开发,攫为己有,把持独占作为资本。又利用之以奴使群众,或压迫别的弱小国家,因此使全世界多数人的生活,都沦到水平线以下,他们却大享特享其非分的过分的福。现在说一譬喻,世界上是起了蝗虫,农人们辛苦力作的禾稻,满山满地青枝绿叶蓬蓬勃勃的禾稻,都被蝗虫咬的咬掉了叶,折的折断了枝,噬的噬去了心。那么世界的强者优者,即所谓世界上的少数人,他似居于征服者的地位、侵略

① 刊1924年第305期《来复报·太戈尔莅晋演说补志》。

者的地位，世界上的物质享用，几都归他们独占，他们自必可以锦衣玉食修其身，享尽天下无穷之福。但以我推测，如此贪得无厌，以少数人奴使群众的局面，长久下去，于他们未必有利。试看自欧战后，军国主义、资本主义之将就崩坏，物质文明之渐归破产，便可知道。在这里又可说一譬喻，比如一个母羊，生下若干小羊，本来这个母羊的乳，是足够那若干小羊吃的。可是其中有一小羊，特别恃强，往往把持母羊的乳，不给别的若干小羊吃，自己一味的想多吃。那若干小羊，因营养不足，自终归于饿瘦，或饿死，但那恃强的羊，因吃的太多，或者也要胀死，或饱死。这种局面，如何能永久支持呢？所以我以为人类世界，本来是极美丽的，极相谐的，因世界上少数人的私欲抗进、侵略残杀、竞争嫉妬，把极美丽的世界，弄得极丑恶了；极和谐的世界，弄得极紧张了。世界又本来是充满了生命活气洋溢的，又因少数人利用政治经济的努力奴使群众，压迫弱小民族，把极有活气的世界，弄得死气沉沉，大多数人皆失其有望之乐了。由此看来，我们多数人，凡是被征服的，被压迫的，被失去生命的，都应该联合起来，把本来美丽的世界，还他一个美丽；本来和谐的世界，还他一个和谐；本来充满了生命的世界，拿回我们的生命。并且还须要把无尽宝藏的世界，很节俭的使用，俾我们的生命，永久在这无尽宝藏的世界里，美丽和谐的生跃着，我自信我是带有这种使命来到世界，我希望大众赞助我这种使命之成功。

恩厚之在山西太原自省堂的演讲[①]

鄙人此次系第二次来晋，而泰戈尔先生之来晋，则系专诚而来。因先生将赴日本，由北京赴日本，本拟取道朝鲜为便，今迂道南行者，为来山西故也。因数年前即闻山西之名誉，想望久矣。今幸得到此，先生非常欣慰，鄙人得侍先生重游旧地，尤为欢喜。鄙人数年以来，追随先生在印度实行与农民合作主义，极有效验，益足证明先生理想价值之巨。甚愿地理人情与印度相去不远之山西地方同志诸君，一致的共向光明大路上走。将来同志渐多，人类一致的觉悟，自足以挞倒现世界之伪文明（徒崇尚物质之文明），而实现人类基础之真文明（精神文明）。愿共勉之。

① 刊于1924年298期《来复报》。恩厚之（L. K. Elmhirst），泰戈尔私人秘书。

泰戈尔在济南之演讲[①]

我们可亲爱的兄弟们，余今日得与诸君相见，心中甚觉欢喜。不过最痛心者，既不能用印度话演说，又不能用中国话演说。昔日中国与印度，关系最深。其媒介为佛学，自印度佛学输入中国后，遂在释家文化史上，大放光明。中国自汉代而后，各种哲学，无不受佛学之影响。佛学入人之深，亦非他种学说所能及。现在虽已有不适用者、有须修改者，然融会贯通，责在吾人，不能因噎废食。余之主张，为敬与爱。但余在上海讲演后，有出便单登报反对吾之学说者，其措词为余系主张无为，反对物质主义者，实为最堪痛心之事。譬如混沌未开，地球未产出时，原为一团恶浊大气，日月光明，不能侵入。今日吾等处物质主义、武力主义之下，犹之在恶浊大气中，不见天日，备受摧残。但余相信，物质主义、武力主义，决不能永远存在。吾辈之敬爱主义，终有昌明之一日。余立志与物质主义、武力主义奋斗，诸君如肯相信，余最感激。再则余在杭州时，有人赠吾石印一，上

---

① 刊于1924年4月24日《申报·济南教育界欢迎泰戈尔》。

刻“太戈尔”三字，余心中大觉感动。余并非宝重区区方寸之石，所喜者为此后“太戈尔”三字，将留印于一部分中国人脑筋中。

泰戈尔在北京先农坛之演说[①]

吾今日受诸君热烈之欢迎,使吾心中大为感动。盖诸君今日所以欢迎吾者,乃以亚洲民族和平亲爱之精神及基此精神所发之和声也。吾今所欲告诸君者,为东方文化与西方文化不同之处,及吾人对于东方文化之希望。诸君须知,吾亚洲人士受西方人士之压迫,已非一朝一夕,然彼等所用以压迫吾人者亦无他,亦曰体力及智力而已。吾人受西方人士过度之压迫,几自忘吾人所已有之位置,以至西方人士来吾人之亚洲,吾人竟不能以主人之资格欢迎之,吾人不知吾人家中所藏究有何物,更不知在此家藏各物之中,究竟何者足以为欢迎西方人士之瑰宝。以故对于嘉宾,遂不能聊有所贡献,然究其实,吾人并非无宝藏,足以结好嘉宾,乃恋眠未醒,不曾正眼自顾其宝藏耳。惟是,今吾人有以结好嘉宾之期已不远矣,盖人类乃分期进化者,今吾人已进化至于第三期也。吾人历史之初期,为洪水猛兽时代,在彼时人与洪水战,又与猛兽之爪牙战,以争生存。虽吾人

① 刊于 1924 年 4 月 29 日《顺天时报》和 1924 年第 295 期《来复报·印度泰戈尔先生讲学纪》。

之力不如洪水猛兽，而吾人因有脑力之故，遂卒战胜之。至于第二期则为体力智力战争时代，体力、智力强者，遂征服其较已为弱者。今西方人士，正到达于此时代，故彼等所以用为征服一切之具者，均不出于此智力、体力之范围，惟吾东方人士，则已超过此时期矣。吾东方人士今已到达于第三期，吾人已霍然醒觉，知体力、智力征服之世界而外，尚有一更光明、更深奥、更广阔之世界。吾人于黑暗寂静之中，已见一导引吾人达于此光明深奥而广阔之世界明灯。惟吾人如欲到达此世界，则吾之不可不知服从与牺牲，乃吾人到达彼世界之惟一阶梯。吾人欲得最大之自由，则必须能为最忍耐之服从。吾人欲得最大之光明，必须能为最轰烈之牺牲。何者？服从之后，即自由之路；牺牲之后，即光明之灯也。吾人往者如未破壳而出之雏鸡，虽如壳中，亦并无光明，然其光明，乃极小限度之光明，必须破壳而出，乃获一更大之光明，而此日之吾人，即已将破壳而出之雏鸡也。世人对于吾人（譬诸雏鸡）固多疑为不破壳而得最大之光明者。第吾人则自信必能破壳而出，且到达于真理之最深处，惟吾人尚须有一度之大牺牲耳。牺牲自普通人观之，自是损失，但以吾人所知，则损失初不外肉体之损失，而肉体虽受损失，而精神则得一大利益。此利益，即使吾人得以到达最光明之世界是也。总之，未来之时代，绝非体力、智力征服之时代，体力智力以外，尚有更悠久更真切更深奥之生命。吾东方人士今日虽具体而微，然亦确已有此生命矣。西方人士今因专尚体力、智力，汲汲从事于杀人之科学，藉以压迫凌辱体力、智力不甚发达者，即吾人亦尚在被压迫之中。但吾人如能为最大之牺牲，则吾人不久即可脱离彼等之压迫矣。此次吾至中国，吾深感中国乃一至奇异之国家，中国有如许线延不绝之历史及伟大悠久之道德，而其道德，又适为牺牲之道德，恰如吾人想象中之一国家。此为吾所最感动而欣喜者，而今日诸君之热烈欢迎，则尤为吾之所感谢不已者。

北京画界欢迎会上泰戈尔之演说①

凌君所举“诗中有画，画中有诗”二语，余甚承认，又谓诗人与画人在艺术上有一致之精神，尤表同情。盖艺术无国界，最称高尚，中国艺术源流，在历史最为悠久而深奥，西方人士不知中国文化者，往往误谓中国艺术，将有断绝之虞，其实不然。余昔游日本，由某收藏家，约观中国画，早已叹赏不置。及至中国，觉得民族爱美的实现，与自己的理想，甚是相合，并极自信爱美的精神，不易磨灭，惟有时暂为消沉，但是如泉水之流于地中，不久又能涌出地上，仍然进行，或者反加活泼。

今观诸君作品已入此境矣。不过余对于中国画，尚有两层意思：一、须将历史的遗传与现在的关系合一研究之；二、将印度与中国美术上可以使他得到融洽机会。如百川合流，益流益大，于美术前途，大有希望。

……

余昔亦曾游历西方，但其所闻所及，有如履行沙漠，干燥无味，一到中国，如睹绿洲。今观诸君作品，感有趋于新的发展之倾向，此等愉快，岂可言宣！

---

① 刊于1924年4月30日《晨报·北京画界欢迎会上泰戈尔之演说》。

泰戈尔在真光第一次演讲[1]

余(泰氏自称)年虽长,余之须发虽白,然余非腐朽时代精神之代表,余之革命的精神,犹昼夜不休之流水。余不为不知老之将至,抑且自视为一活泼之幼童焉。余以 1861 年,生于印度之阪格耳,盖一非常之时期。斯时宗教界、文学界等,皆呈新旧互相冲突之势,思想界极为混乱,于是遂同时产生三种之革命运动:一曰宗教运动,二曰文学运动,三曰国民运动。关于宗教运动者,以当时宗教界所受种种压迫及束缚,已到必须爆裂之时机,有类乎江河之淤塞,不能不加以疏浚,于是阪格耳人乃起而疏导,务使死水化为活水,解除一切束缚而达到于新时代。其为此运动之中心者,则为吾父等。至于文学之改革运动,则吾为其中心。吾自握管为文,对于文学,即抱革命的思想,吾以为文学不宜受任何规则之束缚,一受束缚,即失去文学中之真我,而文学中之诗,则尤须有真我,其价值乃能存在。故余之于诗,遂毅然决定,不问形式,不守格律,另创一在表现真我上最为适宜之文体,以表演之。世人虽多反对余之剧烈改革,然余

① 刊于 1924 年 5 月 10 日《晨报》。

因发见一前导之灯，知向此而行，必无迷途之患，且以文学为表演吾人之思想者，吾人于既已进化之后，自不能适用在吾人未进化以前，用以表演吾人思想之文学。故彼等纵以吾之所为为儿戏之一种，吾则仍从事创造吾所认为适宜之文学，以开发吾人之灵泉，绝不生灰阻之心。厥后卒因吾之百折不挠，而幸告成功，不唯阪格尔之文学风气，为之一变，且予世界文学界以极大之影响矣。又次为国民运动，此运动为抵抗英国之压迫而起，当是时印度所受英人之政治的压迫，及经济的压迫，有无以复加之势，无论何人，均呈皇皇不可终日之状。于是皆思求所以免除此种压迫之痛苦者，而反抗英国政治的革命，亦随之而产生矣。吾生时既值此重要时机，故吾所造就者亦特伟。吾今已发见一光明之路，殊愿引今日与会诸君同向此光明之路而猛进。吾以为一人可析而为三：一曰肉，二曰心，三曰灵魂。肉为最无关重要者，心次之，灵魂则为吾人生命之源。生命之在地球，恰如流水之奔江河。流水之奔江河，过去之水，非即今日之水，今日之水，又非明日之水，因源源而不息，亘万古而常新。生命亦然乃进化的，非呆滞的，故吾人必须有革命，必须日日新，又日新，然后此生命乃成为活泼泼之生命。唯吾之所谓新，非新其羽毛之谓，乃探吾灵窟，抉出可以永久存在之新生命，使之趋于神明之路之谓。盖徒新其羽毛则为肤浅之新、暂时之新，仅能成一现之昙花，与吾人灵魂之永久存在问题初不相关也。于是有为吾人所必须注意者，则为舍旧维新之方向是也。吾尝至欧洲，欧洲人之衣短，吾人之衣则长，欧人不知衣之长短与人生之永久与暂时也，遂讥不与彼相类之长衣为野蛮人之服饰，虽然，此大误也。吾人所必需者，乃灵魂之修养，非肉体上之供给，且吾人须知彼欧人所谓文明野蛮，乃以机械之精良与否为标准者，试问目下之机械专制时代，果适合于吾人之要求乎？吾敢断言之曰，是不然，文明之发展决非到此即为止境者。吾且窥见一较深较广之世界，已显于吾人之眼帘中，此世界即所谓神明的境界，其光明较今兹机械专制之世界，且不能以度量计之。唯欲到此境界，则尚须有新努力，其努力维何？即培养牺牲的道德是已。再质言之：第一期之世界，为体力征服；第二期为体力、智力二者之征服；第三期则为道德征服。今欧人文化尚未达到第三期，故在机械专制之下，不惟不知反省，抑且自引为满足耳。

吾之家庭，实一极健全之家庭。吾家人虽有研究宗教、文学、美术、音乐之殊，然皆为革命的、反抗的。故吾家之人，所成就亦甚巨。今窃愿中国青年亦人人具此革命的、反抗的精神，以求万古常新之新生命。

泰戈尔在张君劢宅私宴上之演辞[①]

今日来会，使余回想一月前到此之景象，深觉诸君望余太奢，实则余之学问有限，自不知所讲者为何物。况各国之有名哲学家、政治家、社会家均到过中国讲演，供献甚多。余乃区区之诗人，如何能应诸君之要求？此乃上次在此处早已述过，余初到华时即承诸君在此处欢迎，今日为在华之末日，又承诸君欢送，深觉不敢当然，使余深为愉快。因此足见诸君爱余甚殷，且二次均在此处集会，尤感张君之盛意。又第一次余在此处，曾谓余初来华，不知中国国情，其实余早已闻中国故事甚多。昔在日本赴一宴会，主人手出收集之中国故事，余乃得观中国广大之图画。旋由赞美心而发勃怒心，以为天何使中国独有此智慧，而达美满之域。今次来华，始能目睹，惜尚未窥全豹耳。又余之喜中国人者，因皆以人类待余，并非如他国人民待余若圣若神，反使余拘束不安。今中国之年轻人，对余不甚敬畏，与余谈笑自若，此则余甚喜之，盖对余能表示一种真正之爱心。至人请余批评中国，余实不能应允，盖余非批评家，且彼此同是人类，同是平等，有何批评之有？余既不愿批评人，故亦不喜人

① 刊于1924年第2卷第29期《国际公报·张君劢宅中之欢送泰戈尔会》。

之批评余。今有人反对余,或系恐惧余反对一般金钱主义之人,实则余能力薄弱,从未能改变人心。余将爱美之意寓于诗中,读余诗者,非天性有爱美者,恐未能因读余诗而生爱美,故余自以为能力薄弱也。总之此次余之来华,受诸君之优待太过,深觉诸君太客气,太浪费,余深爱诸君,深感诸君。余将行矣,望互爱到底。

泰戈尔高谈佛理①

何　雯　印度最近佛教及婆罗门教之状况？

泰戈尔　印人崇拜佛教，故近今婆罗门教所有之仪式，多已归纳于佛教之中。

何　雯　印度九十六种外道，现尚存在否？

泰戈尔　派别甚多，不胜例举，然多皈依佛法也。

何　雯　世界哲学，莫高博于佛理，中印两国人士，欲发扬东方文化，宜宣传佛教，为世界消除劫难，此意当否？

泰戈尔　此意极是，予深望世人倾向为善，互相亲爱，尊重道德和平，俾不致魔鬼以物质的实利主义，破坏我精神上之文明。且魔鬼之所为，实地狱之种子也。

黄攻素　素食究于吾人有益否？

泰戈尔　予在本土，曾素食二十五年，极能保养健康。后游美国，因种种不便，遂不克守严格之素食。其实肉食极不洁净，每为败德致病之原，故素食实最所主张者也。

沈钧儒　此次来游北京之感想如何？

---

① 此文徐志摩与邓高镜合译，刊于1924年5月18日《顺天时报》。

泰戈尔　前观纽约、伦敦、巴黎、加尔谷塔、上海等大都会，见皆提倡恶浊知识，人人以牟利为能事，建筑设备，尽物质上之工巧。殊不若北京之自然开化，花草树木，有天然之美观，予极表好感。盖予深望世人反朴归真，生活上力求节俭，重农作而不重工巧，庶不为讲物质实利者所支配也。

张相文　我欲发展佛教，使向西力传布，益令东方文明，真有价值，于意云何？

泰戈尔　予信真理为一，本无东方、西方之分，故尝劝印度佛教徒及学者，努力向西方宣传教化。予所办之大学院，容纳十数国之士子，即灌输善的知识，振导和平。中印均为世界文明古国，颇望设法结合，一以谋精神教育之发展，一以谋农业生活之安全。有某君素研究农业，将来可请其来华，同时望中国学者，亦多往印度为幸。

何　雯　一切科学，出于哲学。哲学固最精于印度之释迦牟尼，彼能解决宇宙中现在未来，又能救拔世人，使了生脱死。现在世界，魔鬼之力正盛，吾人应负救世之责，从事于感化与宣传，将来可组织中印学会，互通声气，请问此法善否？

泰戈尔　予此次来华，本有斯意。希望中印两国人士，为精神之结合，共谋发扬东方文化，实最欣福。

泰戈尔在东南大学之讲演①

吾乃东方之讴歌诗圣者,讴歌宇宙之大爱者。我年虽老迈然,自信亦仍为青年之精神,极喜与青年人把晤一堂,坐谈学理。青年为人生之始期,朝晨阳光,园圃之花苞,我实有无穷之希望在青年身上。诸君青年对于我之主张,不论有无信仰而均能如此热心之欢迎,感激奚似!吾知诸君近日所日日费心血,绞脑汁,在研究室内之工作,科学也,工艺也。所时时竞相夸效,而不忍释口者,电灯也,汽车也,西方之物质文明也。然君等亦知此类之文明,实为黑暗时期之文明,足以汩没人类之天真,毁灭人类之性灵,使吾人竭志尽虑,疲劳于物质之性望,而不自解脱。随处只感觉无边之苦痛,不可言喻之烦闷。初无一毫之真光,可以照澈吾人之心灵。初无细微之和风,可以吹散吾人之尘虑。而一方适足以使野蛮无心肝之强暴者,利用此种虚伪之文明,为没灭同胞之利器。宇宙之美,本极可爱者也,然今科学的孽障所遮掩,侵假而变成灰色矣。人类之心灵,本活泼而有生气者也,然今为物质的妖魔所欺弄,已沉沉欲死矣。

① 刊于1924年7月21日《台湾民报·杂录》第2卷第13号。

我（先生自称）对此景象，除寄之以诗歌，托以无穷之哀伤外，更有何说。昔有一童话，中述一公主为妖魔所夺去，后由某太子用智慧的设计，从妖魔之手中复奋力救出。诸君，吾侪真真所需要之文明，犹彼玲珑可爱之公主也，今亦为妖魔封锁于黑暗危险之地矣。然则孰能具彼太子之智力，抱彼太子之毅勇，救出我可爱之文明乎？则吾诚不能不希望于富有生机之青年，我亦当奋力前进，和诸君与此妖魔宣战，一举而扑杀此獠也。吾昨晚由上海乘轮而来，领略扬子江上之风景，时则暮春三月，风吹不寒。余独坐船板之上，俄而新嫩可玩之月光，从乱云之罅隙间穿出几点星光，倦眼欲睡矣；柳树上之音乐，亦停止唱奏矣；夹岸之茅舍，荒江之渔舟，宇宙之一切均已卸装睡去矣。吾在此际默座遐想，实有无限之感觉，油然而生，嗟彼众生，夜梦正深，殊不知可爱之文明，均被岸然可怕之妖魔，乘机盗去矣。大多之醒，不知尚在何时，遂使妖魔猖獗真和全消，可痛也已。余初到中国，随处觉着富有历史成绩之文明古国，非常可爱，在舢板上，兴至流览，不图东方已鱼肚白矣，少选一缕，温柔之曙光，在水波上荡漾，时则穿越林际，时则涂染舟之布帆上，幻成紫红深绿之色。诸君此即吾人所需要之光明也，吾人真真的文明，亦当如曙光之温柔可爱耳。然则如之何而可以实现乎，但当返求诸君而已耳。只有将吾侪固有之东方文化，从城垣坏壁中复活过来，使科学的物质的西方文化，一扫而空，淳化于自然之世界。诸君设能生活于此世界中，吾知必能觉到美，感觉到爱，感觉到无上之愉快也。在洪水冲积期，人类未光顾地球之前，世界为蛇龙怪兽之所居。此类顽豸，有大庞之身体、坚硬之皮甲、锋锐之爪牙，然人类一至，全体消灭此则智力之猛，尤超过于蛇龙怪兽之皮甲爪牙也。人类为灵智之动物，故造世界文明者人类，毁灭世界文明者亦人类也。人类苟不善用其智力，则其可畏实在蛇龙怪兽之上耳。今之人不图发扬内知，徒慕外铄，不急于追求纯粹天员的信仰，而徒事物质科学之工作，世界实预伏着绝大之毁忧，虽有大力，莫之能挽。然我（先生自称）决不因此而失望，我仍歌唱我之光明，我仍如春朝之鸟，在杨柳树上欢迎曙光，一般的歌唱，希望我理想的光明之到来。

国家的组织①

National Organization

今天来到这里和诸君相见，非常欣幸，但恰遇着贵国多难，而又值邻邦不仁善的时候，今天我所讲的题目是《国家的组织》。现在的世界，是一个非常的世界，自有历史以来是没有过的。由十八世纪起，科学发达，人类生活发生种种新的需要。科学发达的结果是：

1. 人类以太的征服——在一地之内，只要有相当的设备，就可以听见世界各处的声音，反过来说，一个人说的话，就可以传播于全世界。

2. 人类科学的应用——科学发达之后，人类应用科学上的知识，逢山开路，遇水搭桥，把空闲和时间都缩小了

科学发达，政治、经济、社会也都发生了新的变化，产出新的组织。今天所讲的就是关于政治，经济，社会这三方面：

第一、政治方面，政治在人类生活里极关重要，没有政治组

① 原署"讲演者牛津大学教授 Prof，Adnms，翻译者徐志摩，笔记侯封祥"，刊于 1931 年 10 月 16 日《北京大学日刊》。

织，则经济、社会都谈不到，法律和秩序是社会的基础，尤必依赖政治。现在社会组织，其最大目标，则为组织一个大社会，在这个大社会中无论男女都能得着自由，各个人贡献其天赋才力，以促成社会的进步。

现在的民主政治不是不变改的，这个是进化的。已往之数百年经验，形成种种不同的组织。今日的代议制度，已渐不为一般人所信。但我个人对此，却有不可动摇的信仰。我认为代议制度是随时变化的。国会组织，最重要的，应先团结民众，由地方政府，而造成中央政府。人民才力，贡献于地方政府者，进而贡献于国家。现在国家主义之上，又有更大的国际主义。世界上的国家，现正谋解决国际间的问题呢。

第二、经济方面——我们知道政治是经济生活的条件。反过来看，经济又是政治存在的条件。在经济中最重要的问题为资产问题。有的人主张完全废除私有制，有的人主张维持私有制。亚里士多德谓“私有制是人类到良好生活上的道路上去的工具”，可见废除私有制是不容易的事情。私有制既不易废除，我们现在就应该研究如何使资产为人类生活之需要，而不为人类争夺之目标。现在的国家也应该研究如何把资产画分界限，何者为私有，何者为公有。但各国不同，国家的经济情形各异，如何研究，应按着情形去下工夫。现在我提出几点来讨论：

1. 金融问题——这在当前为各国最注重的事情。二三年以来，世界上经济，即起不景象。近之为英国之停止金本位制，也足使人注意。中国今日之经济情况，更宜加意研究。

2. 交通问题——现在的国家，若没有好的交通方法，随地贯通，那就不能算做新式的国家。

3. 农民问题——农夫下种于地，耕耘收获，为多数人食之所仰。农民问题，最近更为学者们所注意。现在的农业生产，已改变数千年来之旧法，美国西部之农田有数万亩连在一起者，运用机械，故生产量之加大。在欧洲及中国各部，农业组织仅限于一家。我们现在应研究如何把小农业组织起来，使知运用机械，享受科学上的福利。丹麦对于农业组织，最为进步，已走在我们头前，给我们的教训不少。

在此联带说的就是工艺问题。农业和工艺同时解决，生活才有基础。当前我不知道中国有何困难，一国平时无准备，战时必更无办法。中国工业才渐渐发展，我希望中国工业发展，不要走欧洲各国已往所走的错路。

第三、社会方面——社会组织是要把生活的目的表现出来：不但要安全的生活，而且还要好的生活。在社会组织之中最重要者则为教育问题。希腊哲学家谓一国之好坏，视其教育之良否。教育为社会所重，古今一样。教育是多方面的，有高等教育，有职业教育……总之，教育是对于生活全体负责任的。

为近世纪所最注意者，尚有公共卫生问题。欧战时，各国征兵，才发见一般人身体不好，欧美如此，不知中国如何？注意公共卫生，地方与中央，应共同合作，一国与世界各国也应该共同合作。现在的政治，地方与中央外，民众团体也应该联络起来。二十世纪最大的活动，就是人民自动的合作运动。

附带说的，就是：社会组织无论如何大，还是得靠个人。我们是文明国人，我们的言行，就应负责任，不经验之事，不能轻信。从前爱国的人，谓“只问国不国，不论对不对”。这种态度，到现在就不一样了。再者物质主义，是偏隘狭陋的，我们应把自己的才智贡之于人类社会，勿为物质主义所囿。

附白：此稿所记，与原意相差的地方不知多少，而遗漏的话又很多。本不足刊载，因章先生廷谦索取，故出之。侯封祥。

戏词整理[①]

汾河湾唱词

（青衣西皮原板）儿的父，去投军，无音信，全仗儿打雁，奉养娘亲。将弓弹，和鱼镖，与儿拿定，莫等那日落，儿要早早归程。

（摇板）一见娇儿出窑门，倒叫为娘我挂在心。悲切切，且把这窑门来进，等候了丁山儿，打雁归程。

（老生西皮摇板）催马来到汾河湾，见一顽童打弹玩，弹打南来张口雁，枪挑鱼儿水浪翻。翻身下了马走战，再与顽童把话云。

（青衣西皮倒板）娇儿打雁未回程。

（正板）不由我，一阵阵坐卧不宁，我只得出窑外，把娇儿盼

---

① 原刊于1927年《上海妇女慰劳会剧艺特刊》。刊后有黄梅生所作《勘校以后》云："只有一星期筹备的这本剧务特刊，竟排好了，真是万幸。这都是徐志摩、周瘦鹃、江小鹣三先生努力的结果。他们都是忙人。在百忙中，徐先生除了担任编辑外，还做文章，整理戏辞。"由此可考这批戏词，均为徐志摩整理。

定。眼睁睁，日西沉，不见娇儿归程。

（青衣快板）先前说是捎书的人，如今又说儿夫君。说得明白来相认，一字有错万不能。

（老生倒板）家住绛州县龙门。

（原板）薛仁贵好命苦，无亲无邻，幼年间父早亡母又丧命，撇下了仁贵无处存身。自古道姻缘一线定，柳家庄上招了亲。你的父嫌贫心太狠，把你我夫妻赶出了门庭。夫妻们双双无投奔，破瓦寒窑去安身。每日里窑中苦难禁，没奈何立志去投军，结交了弟兄们周青等，跨海征东把贼平。幸喜得狼烟俱扫尽，保定了圣驾转回京，前三日修下了辞王的本，特地回来探望柳迎春。我的妻你若还不肯信，来来来，算一算，算来算去十八春。

（青衣摇板）自从你投军十八春，为妻为你受苦情。今日等来明日等，等你回来我好做夫人。

（青衣摇板）听罢言来胆战惊，凉水激顶怀抱冰。可怜你遭不幸，无端丧命。阿呀我的儿呵，怎不叫人痛伤心，气上心来用口咬，看你心疼不心疼。

拾画（小工调）

（小生上唱引）惊春谁似我，客途中，都不问其他。

（白）脉脉梨花春院香，一年愁事费商量。不知柳思能多少，打叠腰肢斗沈郎。小生柳梦梅，卧病梅花观中，喜得陈友知医，调理痊可，只几日春怀郁闷，无处忘忧，今早石道姑说，后边有座花园，尽可游玩，为此特地前来。妙吓，果然好个葱翠篱门，可惜倒了半架，不免进去一游，凭栏仍是玉栏杆，四面墙垣不忍看，想得当时好风月，万条烟罩一时乾，果然好一座大花园也。

（唱）（好事近）则见风月暗消磨，画墙西正南侧左。苍苔滑擦，倚逗着断垣低垛，因何蝴蝶门儿落合。

（白）吓，原来以前游客颇盛，题名在竹林之上。

（唱）客来过，年月偏多，刻划尽琅玕千个，早则是寒花绕砌，荒草成窠。

（白）阿呀呀，好一座太湖石山子，一霎时竟倒坏了，咦，石底下是甚么东西，待我拾起来看。吓，原来一幅小小轴儿，不知甚么故事在上。吓，原来是观音喜像，善哉吓善哉，也罢，待我捧到画馆中焚香顶礼供奉，强如埋在此中，有理吓有理。

（唱）（千秋岁）小嵯峨压的这旃旜合，便做了好相观音悄楼阁，片石峰前，多则是飞来石，三生因果，请将去在炉烟上过，俺头纳地添灯火，照得他慈悲我，俺这里尽情供养，他于意云何。

叫画（六字调）

（小生上白）待我细细展开一看，阿呀，好庄严法相吓。

（唱）（二郎神）能停妥这慈容，只合在莲花宝座，咦为甚独立亭亭在海柳左，不栽紫竹，边傍不放鹦哥。

（白）原来不是观音。

（唱）只见两瓣金莲在裙下拖。

(白)是尊嫦娥,呸,不像吓,我想既是嫦娥呵。

(唱)并不见祥云半朵,嗳,也非是嫦娥。

(白)既不是观音,又不是嫦娥,哙。难道到是人间女子不成吓,哈哈哈。

(唱)这画跷蹊,教人难揣难摹。

(白)啐,只管胡猜,帙首上有小字数行,待我看来。近睹分明是俨然,远观自在若飞仙,他年得傍蟾宫客,不在梅边在柳边。吓,原来是人间女子的行乐图。呸,何言不在梅边在柳边嘘,咻真乃奇哉怪事也。

(虽)(集贤宾)蟾宫那能得近,他怕隔断天河。

(白)阿呀美人吓,想你有此容貌,怕没个好对头。

为甚傍柳依梅去寻结果。

(白)想天下姓柳姓梅,却也不少,偏是小生叫柳梦梅,论起来梅边小生有分,这柳边小生亦是有分的。

喜偏咱梅柳停和。

(白)咦这美人的面庞,熟识得紧,曾在那里会过一次,一时再也想不起了。

我惊疑未妥,似曾何方会我。

(白)吓我想起来了,去春曾得一梦,梦到一座大大花园,有株梅树,梅树之下,立着个美人,嚰哪哪哪正是这个面庞,他对我说,吓,柳生吓柳生,你与俺有姻缘之分,发迹之期,哙可是你说的,你说是也不是,说嘘说,嘘,哟。

(唱)你休见左,敢则是梦中真个。

（白）待我细细认他一认，咦，这美人却有半枝青梅在手，看起来兀自提掇小生一般。

（唱）（莺啼御林）他青梅在手诗细哦，逗春心一点蹉跎小生待画饼充饥。姐姐似望梅止渴，未曾开半点么荷，咦他含笑处朱唇淡抹。

（白）咦，看美人这双眼睛，好不顾盼小生，小生走到这边，是看着小生，小生走到那边，哪，又是看着小生。阿呀美人吓，你若见爱小生，何不请下来相叫一声，请吓请嘘，哈哈哈柳梦梅你好痴也。

（唱）晕情多如愁，欲语只少一口气儿呵。

（白）小娘子你画似崔徽，诗如苏蕙，行画逼真卫夫人也，小生虽则典雅，怎道得小娘子万分之一，蓦地相逢，不免和韵一首，丹青妙处却天然，不是天仙即地仙，竟是地仙，地仙欲傍蟾宫，人近远恰如春在柳梅边，岭南名士柳梦梅熏沐敬和，小娘子这就是小生的拙作，到要请教。

（唱）（簇御林）他题诗句声韵和，猛可的害相思颜似酡。

（白）阿不是这等，待我狠狠的叫他几声吓，美人小娘子，姐姐吓，阿呀，我那嫡嫡亲亲的姐姐吓。

（接唱）向真真啼血你知么莫怪小生我叫叫得你喷嚏一似天花唾，咦下来了动凌波，请吓请盈盈欲下，啐全不见些影儿那。

（白）小生呢孤单在此，少不得将小娘子的画像，做个伴侣儿，早晚嚜玩之，叫之，拜之，赞赞赞之。

（唱）（尾声）俺拾得个人儿先庆贺，敢柳和梅有些瓜葛。美人吓只怕你有影无形盼杀我。

（白）阿呀呀，这里有风请到里边去，小娘子请哟，小娘子是客，自然是小娘子请，小生啜随后，请吓，阿呀请了。（下）

游园（小工调）

（旦上唱引）（绕地游）梦回莺啭，乱煞年光遍。人立小庭深，院贴上接注尽沉烟，抛残绣线，恁今春关情似去年。

（白）小姐，（旦）晓来望断梅关，宿妆残，（贴）小姐，你侧着宜春髻子恰凭栏，（旦）翦不断，理还乱，闷无端，（贴）已吩咐催花莺燕惜春看，（旦）春香，可曾吩咐花郎扫除花径么，（贴）已吩咐过了，（旦）取镜台衣服过来，（贴）晓得，云髻罢梳还对镜，罗衣欲唤更添香，小姐，镜台衣服在此，（旦）放下，（贴）是，（旦）好天气也。

（唱）（步步娇）袅晴丝吹来闲庭院，摇漾春如线。停半晌，整花钿，没揣菱花偷人半面，迤逗的彩云偏。

（贴夹）小姐请行一步。

（旦）我步香闺怎便把全身现。

（贴）小姐。

（唱）（醉扶归）你道翠生生出落的裙衫儿茜，艳晶晶花簪八宝瑱。

（旦）春香。

（唱）可知我一生儿爱好似天然，合恰三春好处无人见，不堤防沉鱼落雁鸟惊喧，则怕的羞花闭月花愁颤。

（贴白）来此已是花园门首，请小姐进去。（旦）进得园来，你看画廊金粉半零星，（贴）这是金鱼池，（旦）池馆苍苔一片青，（贴）踏草怕泥新绣袜，惜花疼煞小金铃。（旦）春香。（贴）小姐。（旦）不到园林，怎知春色如许。（贴）便是。

（同唱）（皂罗袍）原来姹紫嫣红开遍似这般，都付与断井颓垣，良辰美景奈何天，便赏心乐事谁家院，朝飞暮卷云霞翠轩，雨丝风片，烟波画船，锦屏人忒看的这韶光贱。

（贴夹）小姐，杜鹃花开的好盛吓。

（旦贴）（好姐姐）遍青山，啼红了杜鹃。

（贴夹）这是荼蘼架。

（旦）那荼蘼外烟丝醉软。

（贴夹）是花都开，牡丹还早呢。

（旦）那牡丹虽好，他春归怎占的先。

（贴夹）小姐你看那莺燕叫得好听吓。

（旦）间凝眄，听生生燕语明如翦，听呖呖莺声溜的圆。

（贴白）小姐，这园子委实观之不足，（旦）题他怎么，（贴）留些余兴，明日再来耍子罢，（旦）有理。

（唱）（尾声）观之不足由他遣，便赏遍了十二亭台是枉然，到不如兴尽回家闲过遣。

（贴白）小姐，你身子走乏了，歇息片时，我去看看老夫人再来。

（旦）去去就来，（贴）晓得，瓶插映山紫，炉添沉水香。（同下）

扫花(小工调)

(生上白)蓬岛何曾见一人,披星戴月斩麒麟。无缘邀得乘风去,回向瀛洲看日轮。贫道吕岩字洞宾,京兆人也,忝中文科进士,素性饮酒任侠,曾于咸阳市上,酒中杀人,因而亡命,久之贫落。道遇正阳子钟离权先生,能使飞升黄白之术,见贫道行旅消乏,遂将石子半斤,点成黄金一十八两,吩咐贫道,仔细收用。贫道心中有疑,叩了一头,禀问师父,此乃点石为金,后来可能化为石乎。师父道五百年后,仍化为石,贫道立取黄金抛散,虽然济我一时缓急,可不误了五百年后遇金之人。师父哑然大笑道,吕岩吓吕岩,你有此一点好心,可登仙界,遂将六一飞升之术,心心密证,口口相传,行之三十余年,忝登了上八洞神仙之位。只因前生道缘深重,此生功行缠绵,性颇浑成,心存度世。今奉东华帝旨,新修起一座蓬莱山,山门外有蟠桃树一株,三百年其花才放,时有浩劫罡风,等闲吹落花片,塞碍天门,先是贫道度了一位何仙姑,来此逐日扫花。近来奉东华帝旨,何仙姑证入仙班,因此果老仙翁,又著贫道驾云腾雾,往赤县神州,觅一人来供扫花之役。

(贴内白)好风吹落花片也。

(生)何姑笑舞而来也。

(贴上唱)(赏宫花)翠凤毛翎,扎帚叉,闲踏天门扫落花。恁着那风起玉尘砂,猛可的那一层云下,抵多少门外即天涯。

(白)洞宾先生稽首。

(生)仙姑少礼。

(贴)何往。

(生)恭喜你领了东华帝旨,证入仙班。因此果老仙翁,诚恐你高班已上,扫花无人,又著贫道再往尘寰,度取一人,来供此役,敢支分杀人也。

(贴)此先生大功行也,但此去度人何处,那蟠桃会可赶得上否。

(生)自然赶得上。

(贴唱)(么篇)恁休再剑斩黄龙一线差,再休向东老贫穷卖酒家。恁与俺高眼向云霞。嗳,洞宾呵,恁便得了人须要早些儿回话,嗳,若迟呵,错教人留恨碧桃花。

(白生下)何姑已去,不免将磁枕褡袱驾云而去者。

(唱)(粉蝶儿)秋色萧疏,下的来几重云树,卷沧桑半叶浅蓬壶。践朝霞,乘暮霭,一步捱一步,刚则是背上葫芦,这淡黄生可人衣服。(醉春风)则为俺无挂碍的热心肠,引下些有商量来的清肺腑。这些时瞪着眼下山头,把世界几点儿来数数。这的是三楚三齐,那的是三秦三晋,更有那找不着的三吴三蜀。(下)

思凡(小工调)

(旦上唱)(诵子)昔日有个目莲僧,救母亲临地狱门。借问灵山多少路,有十万八千有余零,南无阿弥陀佛。

(白)削发为尼,实可怜。禅灯一盏伴奴眠,光阴易过催人老，辜负青春美少年。小尼赵氏，法名色空，自幼在仙桃庵内出家，终日烧香念佛，到晚来孤枕独眠，好凄凉人也。

（唱）（山坡羊）小尼姑年方二八正青春，被师父削去了头发，每日里在佛殿上烧香换水。见几个子弟们，游戏在山门下，他把眼儿瞧着咱，咱把眼儿觑着他。他与咱，咱共他，两下里多牵挂。冤家怎能彀成就了姻缘，就死在阎王殿前，由他把那碓来椿，锯来解，把磨来挨，放在油锅里去煠，阿呀由他则见那活人受罪，那曾见死鬼带枷，阿呀，由他火烧眉毛，且顾眼下，火烧眉毛，且顾眼下。

（白）想我在此出家，非关别人之事吓。

（唱）（采茶歌）（转正工调）只因俺父好看经，俺娘亲爱念佛，暮礼朝参，每日里在佛殿上烧香供佛，生下我来疾病多，因此上把奴家舍入在空门，为尼寄活，与人家追荐亡灵，不住口的念着弥陀。只听得钟声法号，不住手的击磬摇铃，击磬摇铃，擂鼓吹螺，平白地与那地府阴司做功课。多心经都念过，孔雀经参不破，惟有莲经七卷，是最难学。□师父在眼里梦里，都叫过念几声南无佛哆呾哆萨嘛呵的般若波罗，念几声弥陀，恨一声媒婆，念几声娑婆呵，嗳叫叫一声没奈何，念几声哆呾哆，怎知我感叹还多。

（白）越思越想反添愁闷，不免到回廊下散步一回，多少是好。

（唱）绕回廊散闷则个，绕回廊散闷则个。

（白）你看两旁的罗汉，塑得来好庄严也。

（唱）（哭皇天）又只见那两旁罗汉塑得来有些傻角，一个儿抱膝舒怀，口儿里念着我，一个儿手托香腮，心儿里想着我，一个儿眼倦开，朦胧的觑着我。惟有布袋罗汉笑呵呵，他笑我时光挫，光阴过，有谁人，有谁人肯娶我这年老婆婆。降龙的恼着我，伏虎的恨着我，那长眉大仙愁着我，说我老来时有甚么结果。（接唱）（香雪灯）佛前灯做不得洞房花烛，香积厨做不得玳筵东阁，钟鼓楼做不得望夫台，草蒲团做不得芙蓉芙蓉软褥，奴本是女娇娥，又不是男儿汉，为何腰系黄绦身穿直裰，见人家夫妻们洒乐，一对对着锦穿罗，阿呀天吓不由人心热如火，不由人心热如火。

（白）今日师父师兄多不在庵，不免逃下山去，倘有机缘，亦未可知，有理吓有理。

（唱）（风吹荷叶煞）奴把袈裟扯破，埋了藏经，弃了木鱼，丢了铙钹，学不得罗刹女去降魔，学不得南海水月观音座。夜深沉，独自卧，起来时，独自坐，有谁人孤凄似我，似这等削发缘何。恨只恨说谎的僧和俗，那里有天下园林树木佛，那里有枝枝叶叶光明佛，那里有江湖两岸流沙佛，那里有八万四千弥陀佛，从今去把钟楼佛殿远离却，下山去寻一个年少哥哥，凭他打我骂我，说我笑我，一心不愿成佛，不念弥陀般若波罗。

（白）好了，且喜被我逃下山来了。

（唱）（尾声）但愿生下一个小孩儿，却不道是快活杀了我。（下）

《现代小说》书评十则[①]

新学院的设立[②]

意大利元老院的院长 Tommaso Tittoni 去年辞职的时候，曾说他愿以暮年生涯供献于古物研究中，那时慕索尼里曾劝他不要这样，说他还要有借重他的地方。果然，此刻意大利宣布要新设一个国家学院，而且学院的院长便是 Tittoni。学院的院址将在罗马的佛莱西那宫，院员有三十人。已经决定的院员是 G. d'Annunzio、L·Pirandello、U. Ojetti 和 G. Marconi。至于 B. Croce 和 G. Ferrero 等人大约因了主见不同将不会入选。学院的宗旨是在保守意大利固有的文化。(摩)

① 这批书评，均署名“摩”，刊于 1929 年《现代小说》中。考此时徐志摩正在为中华书局、大东书局编辑新文学及新文化书籍，而从这批书评的文风来讲又相似，但一时难于定夺，故以附录形式辑入于此，供方家参考研究。

② 刊于 1929 年《现代小说》第 3 卷第 1 期。

柴霍甫二十五年祭[①]

在一九零四年七月中旬，二十五年前的今天，俄国短篇小说圣手柴霍甫的遗体，从德国的伯顿威勒安闲的运回到祖国圣彼得堡安葬了。柴霍甫的著作生活是起自一八七九年，在一九零四年的正月，他的国人正为他举行庆祝二十五年著作生活的大典，那知竟在这年的秋天，他就以肺痨在德国去世了。

今年是一九二九，正是他去世的二十五周年。

柴霍甫是小说家，可是同时也是戏剧家，他的著作译成中文的已经很多，这里可不必细说。关于他的生平，我们不妨抄录几节他自己所写的简短的自传，这是他在旁人给他庆祝二十五年著作生活时所写的：

我于一八六〇年生在塔干洛格。一八七八年我读塔完干洛格高等学校的功课。一八八四年我从莫斯科大学医课卒业。一八八八年我获到普希金奖金。一八九〇年我到沙哈宁旅行一次，由海道返家。一八九一年我又到欧洲大陆旅行，我在那里喝到极好的酒，又吃了牡蛎。

我于一八七九年开始写作。我的重要著作是《杂凑故事》《不幸的人们》以及小说《决斗》。我也曾写过戏剧。

在文学家中，我爱好托尔斯泰。在医生中，我爱好查克汉宁……

---

① 刊于1929年《现代小说》第3卷第1期。

柴霍甫的第一篇小说是用柴汉泰(Chekhonte)的笔名发表的,他的初期作品都是明亮的愉快的滑稽或讽刺故事,后来却渐渐转到严肃的忧郁的了。

在苏联,柴霍甫近日已渐渐成为古董。莫斯科工人俱乐部肯演莫利哀的喜剧,却不肯演柴霍甫的《樱桃园》。(摩)

一批新兴作家[①]

威廉罗斯在伦敦麦考莱说:"最近德国作家观点变迁的地方,乃是旧的一辈将大战视作是历史上偶然的事的,新的一辈却认定这是转变文化的一个重要点,写《魔山》的汤麦斯·满恩已经显示着新的生命,泰而斯·佛兰克(Bruno Frank)的《旧王时代》,这二人虽然并不是属于新的一流,然而他们的观点和精神已经不是旧时代的了。"

此外,F. Von Unrub 的《牺牲之道》,Oskar M. Graf 的《全是囚徒》,Rene Sohickele 的《玛利克波尼》,有的借着战争,有的借着囚徒和青年,都暗示出了一个新的时代。(摩)

棘　心[②]

著者绿绮女士是近来颇致力于文艺的一位女作家,能写很美秀的小品文。可是这一册《棘心》,虽然在量数上很丰富,但

① 刊于 1929 年《现代小说》第 3 卷第 1 期。

② 刊于 1929 年《现代小说》第 3 卷第 1 期。

是内容却很芜杂，尤其是夹入的许多文言句。我想这或者是她的旧稿，并不是近作。这样的一册书假如能细细的加以剪裁，是很能动人的。

书中许闻天君的插画也是不能传神的作品，只是二四二页和三一六页两帧带日本风的却是很好的作品，但是我疑心那或者不是他的创作。（摩）

南　国①

南国社的戏剧运动已经掀起了一部分的同情，因此南国社的南国月刊和周刊也获到一般人的注意。

午天见到第三期《南国》月刊和第六期《南国》周刊。

南国既是倾全力于戏剧运动的团体，我觉得这两个刊物不妨屏除了一般的文艺品而着重在戏剧方面。现在虽然已经有剧本和戏剧论文的登载，但是我觉得应该扩大一点，凡是关于戏剧艺术的文字、舞台装置、演员化装技术、剧场沿革、戏剧运动史、西洋名剧介绍，乃至传记出演消息等等都应当分别轻重在两个刊物上介绍，女社员的信件不妨少载一点。

尤其重要的是不要错误了进前的向方，应该确定自己的在场，向着正确的道上努力。

听说南国社的社员近来上下又有了一点争执，我愿主持的人能和缓的消灭这一类的隔膜。（摩）

① 刊于1929年《现代小说》第3卷第1期。

胜利的悲哀[①]

凡是老读现代小说的人，大约都知道谢晨光君的。作者是一位寄居在香港很倾心都市生活的青年作家。文笔很细腻。创作题材大概是恋爱的悲剧。文章的描写虽然有许多地方不很紧凑，但是像朝雾中草上的露珠一般，你不时可以遇到一些可喜的地方。

电影院，跳舞场，咖啡座，几乎是作者专用的一些背景。

这册集子里共收集着谢君的五篇创作。我希望谢君以后对于自己创作的范围能逐渐扩大起来。

谢君的这部创作集是由现代书局出版。（摩）

新俄诗选[②]

新俄的歌诗虽在定期刊上有一点零星的介绍，但是收集得比较多一点的还以这新出的一册为第一。这里收集的虽也并不很多，而且又是从英文转译，但在诗坛极寂寞的此刻中国却也可以聊胜于无。

译者是 L 君与郭沫若君。郭君本是以诗人出身的作家。此刻以转变后的情调来译这册诗集，我们对此当能有相当的信任。

---

① 刊于 1929 年《现代小说》第 3 卷第 1 期。

② 刊于 1929 年《现代小说》第 3 卷第 2 期。

这册诗集本是两人合译的，但是出版者在封面上没有印出合字，粗看之下，使人要以为“L”不过是冠在译者姓名上的一个Initial。（摩）

中国革命诗集[①]

在9月4号的美国Nation周刊上，我发现了一段很古怪的诗集介绍，介绍一位叫做His-Tseng Tsiang著的《Poems of the Chinese Revolution》，书是由私人出版的，售价要二十五块美金。无疑的，从这姓名的拼音看来，这位诗人正是我们的同胞。

最奇怪的是书前还有辛克莱（Upton Sinclair）的序言，说这部诗集虽然并不是好诗，但是却代表了Young China反抗压迫的呼声。

我想了好久，想不出这位His-Tseng Tsiang的中国名字该怎样写法，这位一部诗集要卖五十多块钱的在海外给中国争光的“革命诗人”究竟是谁。（摩）

法兰西学院的爱国精神[②]

巍然重镇的法国法兰西学院（L'Academie Francase），最近因了补选新院员和给奖的事情，竟惹了不少明眼的旁观人的冷笑。

---

① 刊于1929年《现代小说》第3卷第2期。

② 刊于1929年《现代小说》第3卷第2期。

十九世纪或二十世纪的法国新作家，被荣选入院的都要经过委员好几次的争执。可是最近因福煦将军去世而出缺的名额，竟毫无问题的给了一个没有入选资格的白丹将军(Marshal Petain)。白丹虽然也是有勋功的军人，可是将他作了福煦的后补人，却未免令人冷齿。因为在欧战时期，白丹败了的地方，正是福煦战胜的地方。尤其，将这样一位将军去和哲学家柏格森、诗人哇莱尼夹在一处，更令人要失笑。

但是，无论怎样，白丹是给国家出过力的勇敢军人哩！

同是根据了这种爱国精神，学院的文学奖今年也给了马赛西(Henri Massis)，他在欧战时期曾主张法国青年不仅应该和德国人去战争，而且更应该为战争而战争。同时，他更是《西方的防御》的著者，大声疾呼着西欧的文明要给东方文化侵吞了的人。

罗曼·罗兰也曾得过这学院的文学奖，但是给与一个复古的反动的，除了争辩之外一无可取的作家这却还是第一次。

所以，有一家杂志上便嘲笑道："在法兰西学院不曾将这同样的荣誉也颁给一个布尔希维克的叛逆者之前，他总未免有武断偏见之嫌。"(摩)

哈姆生的美国观[①]

得过诺贝尔奖金的挪威小说家哈姆生(Knut Hamsun)，少

---

① 载 1929 年《现代小说》第 3 卷第 2 期。

年时代曾在美国作过寓公，最近发表他对于美国的文化和女人的意见，讲得很有趣：

“当林伯大佐（Lindbergh）飞过大西洋以后，美国的《新闻报》上竟预测他会被选作总统。他们说他出身清白，不为利诱，精明能干，而且妇孺皆知。可是为什么这样他就该做世界上最大最强国的总统呢？一个国家的人民竟能发出这类的见解而且还恬不知耻，这还有什么文化？”

可是，他却极力称赞了美国的女性：

“她们是世界上最美的妇人。少年时代我曾走遍世界的一大部分，我曾在各处地方见过各色的人种，可是我从不曾像在美国东部见过那样多好看的女人。无论从脸上、身段上、各部分上、衣装外表，乃至她们的风骚上，她们都能显出一种真的美丽。不过，我见到她们的时候，那时我正是一个不能混入上流交际社会的可怜的工人。”（摩）

《平淡的事》跋[①]

这是彭先生最得意的新著作。用轻灵的笔墨，透视的眼光，写各种有意味底平淡的事。但是事虽平淡，却最耐人咀嚼，社会上种种丑态和原因，都从笔底下活跃出来，深映着人类的罪恶，尤觉得我们周旋在这个社会——人海的旋涡——里面，大不容易。平淡的事？也就是不平淡的事吧！

① 《平淡的事》，彭家煌著，1929 年 5 月由大东书局出版，此书由徐志摩责编，该跋未署作者名，疑徐志摩所作。

编后语

2005年,我斗胆自费建立了徐志摩诗文网,阴差阳错,这十多年里,我这个不爱诗文的粗人与徐志摩一直相伴。从不看徐志摩文章的我也慢慢地学会了阅读,学会了资料的收集。

我没有闲余的时间去各地图书馆寻访资料。我能做的就是尽可能多购买各类数字化文档。感谢数字化浪潮下图书馆角色转换,使得像我这样的普通人能在家中电脑面前,静下心来细细地查阅、研读。当然更要感谢我的老师虞坤林,正是他不断地教导和鼓励,让我这个门外汉渐渐摸到了些资料整理方面的门道。

《徐志摩全集》先后出版了多种,每种全集均有所增补。但截至2015年顾永棣编订的《徐志摩全集》,依旧有不少文章没有编入,甚为可惜。一直听闻陈建军老师计划出版徐志摩的佚文集,等了许多年也没动静。

2017年,徐志摩120周年诞辰,我能做的就是将自己这些年收集到的徐志摩的文章重新整理一遍,并得到浙江人民美术出版张金辉老师的支持,答应与社沟通,此书在其出版社出版,才能使这数十篇佚文顺利面世。在此对出版社的支持,表示深深的感谢。

需要说明的是1921年徐志摩在哥伦比亚大学政治学系硕士毕业论文为《论中国妇女的地位》。1927年《晨报副刊·家庭》以“幼申”为笔名发表的《妇女在历史上所处的地位》与《妇女运动与家庭》两篇文章，因结构、行文等与徐志摩相近，所以直接收入。同时代以“幼申”为笔名的还有鲍幼申，鲍幼申的文章以国际、国内政治经济为主，所以其他零星散落在《东方杂志》《新东方》等民国期刊上以“幼申”为笔名的文章均不收入。泰戈尔演讲的翻译方面，一些文章当年徐志摩发表过，但同时期报刊上的文章略不同，所以还是将这些文章收录。以“摩”为笔名发表于1929年《现代小说》的一批书评文章，考此时徐志摩正在为中华及大东书局编辑新文学及新文化书籍，而从这批文章的文风来讲又相似，但一时难于定夺，故以附录形式辑入，供方家参考研究。另外《北大日刊》上《徐志摩启示》，《晨报副刊》少量附言以及散落在一些报刊中的徐志摩的摄影作品，新发现的书信、日记，已由浙江古籍出版社与浙江人民美术出版社分别收入《徐志摩书信新编》《志摩日记新编》中，并同时出版，为避免重复，故不入编此集中。

最后感谢虞坤林老师、好朋友徐志东无私地将他们收集到的佚文提供给我。《徐志摩佚文集》一定还存在着这样或者那样的缺陷，但允许我引用韩石山老师一句话：“还有众多徐志摩研究者的不懈努力，我相信，徐志摩离我们越来越近了，他的面容与风采，看的也就越来越清楚了。”

徐国华

图书在版编目(CIP)数据

徐志摩佚文集 / 徐国华编. --杭州:浙江人民美术出版社, 2017.5(2018.3重印)
(新月文丛)
ISBN 978-7-5340-5794-6

Ⅰ.①徐… Ⅱ.①徐… Ⅲ.①社会科学-文集 Ⅳ.①C53

中国版本图书馆CIP数据核字(2017)第061849号

徐志摩佚文集

徐国华 编

责任编辑 霍西胜 张金辉
责任校对 余雅汝
特约校对 陈哲菲
装帧设计 时代出版
责任印制 陈柏荣

出版发行 浙江人民美术出版社
（杭州市体育场路347号）
网　　址 http://mss.zjcb.com
经　　销 全国各地新华书店
制　　版 浙江时代出版服务有限公司
印　　刷 浙江海虹彩色印务有限公司
版　　次 2017年5月第1版·第1次印刷
2018年3月第1版·第2次印刷
开　　本 787mm×1092mm 1/32
印　　张 6.5
字　　数 125千字
书　　号 ISBN 978-7-5340-5794-6
定　　价 38.00元